算数科授業サポートBOOKS

手軽に使える！ 子供が変わる！

算数授業の ちょい技60

前田 正秀 著

明治図書

感動ある授業を！

　「深い学び」という言葉が巷を賑わしています。「深い学び」が大切なことは，何となく分かります。しかし，「深い学び」とは，一体，どういう学びのことなのでしょうか。そう問われると，答えるのが難しい言葉です。

　反対に「浅い学び」について考えた方がイメージしやすいのではないでしょうか。「浅い学び」というと，「知識だけを教え込まれた，つまらない学び」といったことがイメージされます。「深い学び」は，その反対ですから，「感動を伴った，能動的で楽しい学び」ということになるでしょう。「あれ？」「どうして？」と心が揺さぶられ，「なるほど」と納得し，「だったら」と考えを発展していく学びです。

　本書は，「あれ？」「どうして？」「なるほど」「だったら」といった感動が生まれる授業を目指して，書いた本です。

ちょっとした技で子供は変わる！

　「感動が生まれる授業」というと，大それたイメージを与えてしまうかもしれません。日々の授業の中に感動を生み出すことを，難しく感じる方もいるでしょう。しかし，そうではありません。ほんの些細なことで，子供の反応が変わることがあるのです。

　例えば，説明をさせる際に，たった一言「先生になったつもりで」と添え

るだけで，説明の質が高まります。さらに，「○年生に教えるつもりで」という言葉を添えれば，「既習を生かして」と教師が言わなくても，子供は既習を生かして説明することでしょう。

　本書では，そんなちょっとした些細な技を，60個紹介します。明日からの授業にすぐに使える技ばかりです。気負わずに読んでいただければと思っています。

自分なりの「ちょい技」を！

　本書は書名に「ちょい技」とありますから，ハウツー本ということになります。どのページから開いていただいても，必要に応じた「ちょい技」と出会えるようになっています。

　ハウツー本ではあるものの，別の使い方もできるように書いたつもりです。教育技術の裏には，その技に至る授業観があります。本書を全て読んでいただければ，「ちょい技」の裏に潜む授業観を感じてもらえるはずです。そうした授業観に共感いただき，それを基に，自分なりの「ちょい技」をつくっていっていただければ，幸いです。

　授業に感動を！
　そう願って…。

2019年６月　前田　正秀

Contents

はじめに

「ちょい技」が生きる授業構想 ５つのポイント

(1)「学ばせたいこと」を明確にする
1　授業後の感想を思い描き，ゴールから授業を考える ……… 12
2　ねらいから曖昧な言葉を取り除く ……… 14
3　領域を貫く考えを捉える ……… 16

(2)「学ばせたい」を「学びたい」にする
4　一番教えたいことを，子供に発見させる ……… 18
5　夢中になれる教材かを，4点でチェックする ……… 20

コ　ラ　ム　　授業構想　技の心

授業準備のちょい技

(1)アイディア発想のちょい技
1　算数のアンテナを立てて，生活の中から教材を見つける ……… 24
2　まわりを巻き込んで，発想を広げる ……… 26
3　本質を捉えて，内容を発展させる ……… 28
4　目的を捉えて，活動を充実させる ……… 30

| 5 | 常識を疑って，発想を広げる | 32 |
| 6 | 逆思考で考えて，発想を広げる | 34 |

コラム　授業準備　技の心

2章 教材・教具のちょい技

(1) 矛盾・驚きを生み出すちょい技

7	予想外の結果で，「あれ？」を生み出す	38
8	数値にしかけをして，「あれ？」を生み出す	40
9	「○○なのに△△」の形をつくり，「どうして？」を生み出す	42
10	矛盾した考えが生まれるように仕組み，「どうして？」を生み出す	44
11	「○○なのに」を固めて，「どうして？」を大きくする	46
12	既習との違いから，「どうして？」を生み出す	48

(2) 切実感を生み出すちょい技

13	生活と結びつけて，切実感を生み出す	50
14	ゲーム性をもたせて，夢中にさせる	52
15	手間がかかる場面を生じさせて，「簡単にしたい」を引き出す	54
16	煩雑な場面を生じさせて，「整理したい」を引き出す	56
17	困る場面を生じさせて，「解決したい」を引き出す	58

(3) 適度な負荷を生み出すちょい技

| 18 | 適度な難しさにして，やる気を引き出す | 60 |
| 19 | 説明させて，負荷を与える | 62 |

(4) 多様な考えを生み出すちょい技

- 20　提示の仕方を工夫して，多様な考えを生み出す　64
- 21　活動を制限して，多様な工夫を引き出す　66

(5) 教材を味つけするちょい技

- 22　目先を変えて，意欲を引き出す　68
- 23　勝負させて，意欲を引き出す　70

コラム　教材・教具　技の心

3章　導入・課題提示のちょい技

(1) 一気に授業へ集中させるちょい技

- 24　すぱっと本題に入り，ひきつける　74
- 25　物を使って，ひきつける　76
- 26　「静かに」を言わずに，静寂をつくる　78

(2) 問題場面をイメージし，解決の見通しをもたせるちょい技

- 27　問題文を4行で板書して，理解しやすくする　80
- 28　既習を想起させて，考える武器をもたせる　82
- 29　問題文に□を入れて，既習と未習を明確にする　84

コラム　導入・課題提示　技の心

4章 自力解決のちょい技

(1) 自分なりの考えをつくり上げるちょい技
　30　相談を OK にして，考えやすい空気をつくる……………………88
　31　目的が明確な机間指導で，子供の考えを深める………………90

(2) 考えをつくるノート指導のちょい技
　32　ノートは必ずチェックして，全員を参加させる…………………92
　33　問題文を3行で要約させ，問題場面を整理させる………………94
　34　矢印関係図を使って，把握しやすくする…………………………96
　35　メモ感覚で図をかかせ，動き出しをつくる………………………98

　コラム　自力解決　技の心

5章 話合いのちょい技

(1) 発言を活発にするちょい技
　36　自信をもたせて，発言しやすくする………………………………102
　37　ペア・グループ学習で，考えを深める……………………………104

(2) 考えのよさを引き出すちょい技
　38　図と式と言葉を結びつけて，理解を深める………………………106
　39　ずばり一言で名前をつけ，本質を捉えさせる……………………108
　40　Aでない考えと比較して，Aのよさを引き出す…………………110

41	立場を決めさせて，全員を当事者にする	112
42	違いと共通点を明確にして，よさを浮き彫りにする	114
43	焦点をうんと絞って，話合いを深める	116
44	わざと間違えて，「違うよ，だって…」を引き出す	118
45	次の言葉を引き出す問いかけで，説明しやすくする	120

(3) 間違いを生かすちょい技

46	間違いを生かして，考えを深める	122
47	予期せぬ考えを取り上げて，考えを深める	124
48	間違いを予想させて，取り上げる	126

(4) 考えを揺さぶるちょい技

49	矛盾する考えと出会わせ，考えを揺さぶる	128
50	曖昧さを浮き彫りにして，考えを揺さぶる	130
51	同じことを3回言って，考えを揺さぶる	132
52	話合いを交通整理し，考えることを明確にする	134

コラム　話合い　技の心

6章 まとめ・振り返りのちょい技

(1) 確実な定着を図るちょい技

| 53 | 計算練習のルールを工夫して，飽きさせない | 138 |
| 54 | 深まったきっかけを振り返り，着想の引き出しを増やす | 140 |

(2)もう1歩考えを深めるちょい技

- 55 「だったら」を体験させ，楽しさを味わわせる　142
- 56 はじめの条件を明確にして，条件をアレンジさせる　144
- 57 観点に応じた振り返りで，時間を有効に使う　146

 まとめ・振り返り　技の心

7章 隙間時間のちょい技

(1)算数好きを育てるちょい技

- 58 おまけの話で，算数好きにする　150
- 59 おまけの話で，発展的に考える　152
- 60 人生の話に算数を盛り込み，説得力を増す　154

おわりに

付録　紹介事例一覧　〜学年別早見表〜

序章

「ちょい技」が生きる授業構想 5つのポイント

　授業を構想するには，まず，「学ばせたいこと」を明確にします。「学ばせたいこと」が明確になったら，次に，それを，いかに子供が「学びたいこと」にするか，しかけを考えていくわけです。

　本章では，「『学ばせたいこと』を明確にする」「『学ばせたい』を『学びたい』にする」ためのポイントを紹介します。

(1)「学ばせたいこと」を明確にする

ポイント1 授業後の感想を思い描き，ゴールから授業を考える

ポイント
- 授業はゴールから考える
- ずばり一言で言えるようにする
- 子供が授業後に書く感想を思い描く

❶ 授業はゴールから考える

ものごとは，ゴールから考えた方がうまくいくことが多いものです。

例えば，左図のようなゴルフ場でゴルフをするとします。1打目を闇雲に飛ばせるところまで飛ばすと，池に落ちたり，森に突っ込んだりしてしまうかもしれません。しかし，3打で入れようと考えれば，2打目でグリーンまで乗せればよいわけですから，1打目はグリーンに届く距離にさえ落とせばよいことが分かり，安全な場所に打つことができます。

授業も同じで，ゴールから逆算して考えていった方がうまくいきます。「○○という力をつけたい」「そのためには，□□という学習課題が必要だな」「そうした課題が生まれるには，△△といった教材が必要だな」と考えていくのです。

このあたりに落とせばグリーンに届く

❷ ずばり一言で言えるようにする

　できれば，その授業をずばり一言で説明できるようになっているといいでしょう。「この授業でつけたい力は〇〇です。そのために□□といった教材を使い，△△という手立てを講じます」とすっきり説明できるときは，授業もすっきりうまくいくことが多いものです。ねらいが明確だと，子供たちから予想外の反応が出たとしても，ねらいに向けて，うまく対応できるからです。反対に，「こんなこともさせたい」「あんなこともさせたい」という思いが溢れ過ぎて，すっきり説明できないときの授業は，的外れな方向に進んでしまいます。

❸ 子供が授業後に書く感想を思い描く

　自分では「身につけたい力」を明確にしたつもりで臨んでも，実際に授業をしてみると，それが曖昧だったことに気づくことがあります。
　そうならないためには，ゴールの姿をできるだけ「子供の具体の姿」で思い描くことです。話合いの中で子供がどんな発言をすれば，身につけたい力がついたといえるのか，活動の中で子供がどんな動きをすれば，身についたといえるのかと，具体の姿を思い描くのです。
　指導案には，ねらいを書きます。しかし，それだけでは不十分です。なぜなら，ねらいは大人向けの言葉で書くものだからです。「授業の後に子供がこんな感想を書いたなら，ねらいが達成できたといえる」と，子供が書く理想の感想を書いておくのもいいでしょう。そうすると，授業がぶれません。

(1)「学ばせたいこと」を明確にする

\ポイント/
2 ねらいから曖昧な言葉を取り除く

> **ポイント**
> ・具体の姿を思い描く
> ・ねらいから活動を考える

① 具体の姿を思い描く

　本時のねらいの言葉の中に「〜の見方を高める」「〜の感覚を豊かにする」といった曖昧な言葉を見かけることがあります。しかし，見方が高まった姿とは，どういう姿なのでしょうか。感覚が豊かになるとは，どういう姿なのでしょうか。ねらいが曖昧な言葉だと授業はぶれてしまいます。

　例えば，「量感」という言葉があります。量感とは「量に対する感覚」ですが，この「感覚」という言葉が，何だか漠然としています。そのため，活動している中で自然と身につくものという印象を抱いてしまいがちです。しかし，何度も長さを測ったら長さの量感が身につくかというと，そうではありません。100回長さを測ったって，闇雲に測っていたのでは，量感は身につかないのです。量感を身につけるためには，「量感が身についた姿」とはどういう姿なのかを，明確に描いておく必要があります。

　例えば目の前にバスケットリングがあって，その高さがどのくらいか，見当をつけるとします。量感の身についている子なら，当てずっぽうで答えは

しません。「僕の身長の2倍くらいだから…」「1mものさしの2個半ほどだから…」など，自分が知っている量を基にして，そのいくつ分かと考えます。つまり，量感が身についた姿とは，「①武器になる量をもっている」「②武器になる量のいくつ分と考えることができる」姿だといえます。このように具体の姿で考えれば，次のように，授業のねらいが明確になっていきます。

〈曖昧なねらい〉
・長さの量感を身につける

〈明確なねらい〉
・1mがどれくらいかを，身近なものと関連づけて捉えることができる
・1mのいくつ分かと考えて，長さの見当をつけることができる

❷ ねらいから活動を考える

ねらいが明確になると，どんな活動をすればよいかが見えてきます。

1mがどれくらいか捉えるためには，身近なものと関連づけるのが有効です。「大体1mのものをさがそう」「1mが体のどのくらいかを調べよう」といった活動が考えられるでしょう。そうした活動を通して，まずは，武器になる1mという量を身につけさせるのです。

武器になる量が身についたら，次は，1mのいくつ分かと考えて，長さの見当をつけることができるようにします。そのためには，いろいろなものの長さを測る際に，「予想」と「結果」だけを書かせて終わってはいけないことに気づきます。予想そのものより，予想を立てた理由が大切だからです。授業の中で，「どうして，そう予想したの」「だって，僕の身長の2倍くらいだから」といったやりとりが必要だと分かります。

このように，ねらいを明確にすれば，活動が決まるのです。

(1)「学ばせたいこと」を明確にする

\ ポイント /
3 領域を貫く考えを捉える

> ポイント
> ・それまでの学習との共通点を考える
> ・それまでの学習との違いを考える

❶ それまでの学習との共通点を考える

　算数において，身につけるべき知識や技能は明確に決まっています。しかし，その授業で成長させたい見方・考え方というと，何だか漠然としています。それを明確に描くためには，「系統性」を調べるのが効果的です。「系統性」とは，それまでの学習との「共通点」や「違い」のことです。

　各領域には，「その領域を貫く大切な考え」があります。坪田耕三先生は著書の中で，各領域を貫く基本の考えを次のようにまとめています。領域名は当時と今とで多少変わっていますが，今でも役立つものだと思います。

【数と計算】の領域	・十進位取り記数法の原理
【量と測定】の領域	・単位を決めて，そのいくつ分かで数値化する
【図形】の領域	・概念の形成過程を体験すること
【数量関係】の領域	・きまり発見

(参考文献：『算数科授業づくりの基礎・基本』坪田耕三著，東洋館出版)

例えば，6年「対称な図形」の学習であれば，図形の領域なので「概念の形成過程を体験すること」を手掛かりに教材研究を進めてみます。

　概念とは一般に「比較（比べる）」「抽象（特徴を抜き出す）」「概括（言葉でまとめる）」という過程で形成されるといわれます。まずは，いろいろな形を見比べて，似ている形同士で仲間に分ける活動が必要になるでしょう。「対称な図形」の学習なら，釣り合いのとれた形とそうでない形に分けることになります。そして，釣り合いのとれた形に共通して言える特徴を抜き出し，それを言葉でまとめる活動が必要になるでしょう。線対称な形の仲間なら「折るとぴったり重なる形」と定義づけることになります。

❷ それまでの学習との違いを考える

　こうした「比べる」「特徴を抜き出す」「言葉でまとめる」という概念形成の過程は，2年の三角形と四角形，3年の二等辺三角形と正三角形の授業，4年「垂直・平行と四角形」等においても大切にしてきたことです。三角形と四角形なら辺の数，二等辺三角形と正三角形なら辺の長さという観点で，形を仲間分けし，見比べ，特徴を抜き出し，言葉でまとめて定義づけてきました。

　そこに「対称性」という新たな観点が加わるのが「対称な図形」の学習です。対称性という新たな観点から形を見ていくことで，それまで別の形と見ていた形を同じ仲間と見ることができます。また，それまで似ていると見ていた形をより詳しく仲間分けできます。図形の見方が深まるとは，そういうことだと分かります。

　このように「領域を貫く大切な考え方」を手掛かりに教材研究していくと，大切にしたい見方・考え方が，明確になるのです。

(2)「学ばせたい」を「学びたい」にする

ポイント 4 一番教えたいことを、子供に発見させる

ポイント
・「ねらい」と「願い」を一致させる
・どうやって発見させようと考える

❶「ねらい」と「願い」を一致させる

　身につけたい力が明確になったら、それをどう子供に学ばせるかを考えます。**教師にとって「学ばせたいこと」が、子供にとって「学びたいこと」になるようなしかけ**を考えるわけです。授業の「ねらい」と、子供の「願い」が一致したとき、主体的な学びが生まれます。

| 教師「学ばせたい」 | | 子供「学びたい」 |

❷どうやって発見させようと考える

　6年「対称な図形」の導入なら、子供に学ばせたいことは「線対称に共通する特徴」です。しかし、それを教師が「共通する特徴は何ですか」と尋ねてしまっては、味気ない授業になってしまいます。そうではなく、子供が「共通する特徴は何か」と考えたくなるように授業を仕組めばよいわけです。

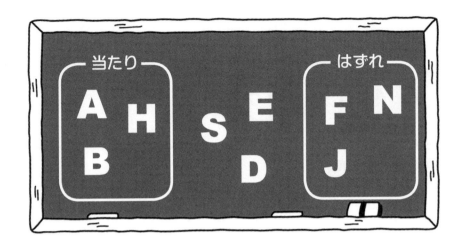

　例えば、「形くじ引き」というゲームをするのもよいでしょう。様々な形を黒板に貼っておき、好きな形を選ばせるゲームです。形の裏には、「当たり」か「はずれ」を書いておきます。ここでは、線対称な形を「当たり」に、そうでない形を「はずれ」にしておきます。

　子供は最初のうち、当てずっぽうでくじを引いていくでしょう。しかし、誰だって「当たり」を引きたいという願いをもっています。当たりの形が2～3個集まるうちに、「左右同じになっている形が当たりなのかな」「上下が同じでもいいのかな」と、当たりの形を観察し始めます。そうして「当たりの形は、どんな形の仲間なのだろう」という学習課題が生まれるわけです。

　先輩から、「一番教えたいことを、教師が言うのではなく、子供に発見させるようにしなさい」と教わったことがあります。大切なことを、どうやって子供に発見させようかと考えると、授業のしかけが浮かんできます。

(2) 「学ばせたい」を「学びたい」にする

\ポイント/
5 夢中になれる教材かを，4点でチェックする

ポイント
・矛盾や驚きが生まれる教材かを，チェックする
・切実感が生まれる教材かを，チェックする
・適度な負荷が生まれる教材かを，チェックする
・多様な考えが生まれる教材かを，チェックする

教材が思い浮かんだら，子供が夢中で考えたくなる教材かどうか，次の4点をチェックしてみるとよいでしょう。

□矛盾や驚きが生まれる教材か
□切実感が生まれる教材か
□適度な負荷が生まれる教材か
□多様な考えが生まれる教材か

① 矛盾や驚きが生まれる教材かを，チェックする

矛盾や驚きは生まれるでしょうか。矛盾とは「○○なのに△△」という事象と出会ったときに生まれます。
例えば「形くじ引き」でAやMなど左右対称な形を登場させた後で，Eや

Dのような形を登場させてみてはどうでしょう。「あれ，右と左が同じ形なのが当たりと思っていたのに，Eも当たりだ」という矛盾が生まれ，「当たりの形はどんな形の仲間なのだろう」という問いが高まることでしょう。

こうしてチェックする中で，提示の順についても何らかのしかけが必要だと気づきます。

❷ 切実感が生まれる教材かを，チェックする

例えば，前頁の「形くじ引き」は，切実感のある教材といえるでしょう。「当たりのくじを引きたい」という願いから，形の特徴に目が向きます。

❸ 適度な負荷が生まれる教材かを，チェックする

適度な負荷は生まれるでしょうか。問題が難しすぎても簡単すぎても，子供は夢中になりません。子供の実態に応じて，扱う形を吟味する必要があるでしょう。

❹ 多様な考えが生まれる教材かを，チェックする

多様な考えは生まれるでしょうか。そもそも，この学習における多様な考えとは何なのか，それを考える必要があるでしょう。

こうして教材をチェックすると，教材が洗練されます。このことについては，第2章で，詳しく述べていきます。

コラム

授業構想　技の心

　啐啄同時（そったくどうじ）という禅語があります。「啐」は，雛が卵から産まれ出ようと，内側から殻をつつくこと。「啄」は，それを助けるために，親鳥が殻の外からつつくこと。この「啐」と「啄」が同時であって，はじめて，雛が産まれるわけです。

　この言葉は，生徒指導や学級経営で，よく用いられますが，私は，授業にも当てはまるように思います。どんな素敵な教材でも，子供が欲していない段階で与えようとしては，子供に入っていかないものです。

　若い頃，よく，授業を見てくださった先輩の先生から，「課題が子供に入っていない」「子供の本当の問いになっていない」と叱られたものです。

　例えば，「長さを比べる方法を考えよう」と，教師が学習課題を提示したからといって，それが，子供の課題になっているとは限りません。子供が長さを比べたくなるような場を設け，それなのにうまく比べられないような状況を仕組み，子供が「なんとかして長さを比べたい」と思ったとき。そこで，教師が「長さを比べる方法を考えよう」と提示するからこそ，子供にとって本当の問いになるわけです。

　生徒指導とは異なり，授業では，毎日の学習内容が決まっています。ですから，子供が殻をつつくまで待ち続けるわけにはいきません。そこで，子供が殻をつつきたくなるように，教師が仕組むわけです。授業構想とは，教師にとって「学ばせたいこと」が，子供にとって「学びたいこと」になるようなしかけを考えることなのだと思います。

授業準備の
ちょい技

　授業のアイディアは,「こうすれば絶対に浮かぶ」という魔法の方法はありません。しかし,「こうすれば浮かびやすい」というコツはあります。
　本章では,アイディアを浮かびやすくするためのちょい技を紹介します。

(1)アイディア発想のちょい技

\ちょい技/
1 算数のアンテナを立てて，生活の中から教材を見つける

> **ポイント**
> ・常に算数のアンテナを立てておく
> ・実践事例を多読して，アンテナの感度を高める

「授業のアイディアって，どうやったら思いつくのですか」と質問されることがあります。そう聞かれると困ってしまいます。私自身，研究授業の度に，産みの苦しみを味わっているのですから。

「こうすれば，絶対にアイディアが浮かぶ」という方法は，ありません。しかし，心がけていることはあります。それは，**いつでも算数のアンテナを立てておく**ことです。算数のアンテナを立てておくと，生活の中のいろんなものが「これ，算数で使える！」と見えてくるのです。

① 常に算数のアンテナを立てておく

集会でよく行われる「猛獣狩り」というゲームがあります。リーダーが動物の名前を叫び，みんなは，その動物の文字数と同じ人数のグループをつくるというゲームです。

このゲームをする子供たちを，算数の目で観察してみると，集まり方に，一人ひとり違いがあるのが見えてきます。「マ・ウ・ン・テ・ン・ゴ…，あと，リとラだ」と，動物の名前を言いながら仲間を集めている子がいます。一方，「マウンテンゴリラ」と聞いて「8人」だと理解し，「6人いるから，

あと2人」といったように仲間を集めている子もいます。8を「6と2」と捉えている子です。算数のアンテナを立てておくと，そんな様子を見たときに「これ，1年『いくつといくつ』の学習で使える！」と感じるわけです。

例えば，算数の時間に「猛獣狩りゲーム」をして，「必ず，男女を入れること」というルールを加えます。すると，「男の子が6人いるから，女の子は…」と考える姿が生まれます。早く集まろうとする中で，「8がいくつといくつなのかを知りたい」という必要感が生まれるでしょう。

算数のアンテナを立てておくと，生活の中に授業のヒントがたくさん転がっています。

❷ 実践事例を多読して，アンテナの感度を高める

こうした「算数のアンテナ」の感度を，高める方法があります。それは，普段から本をいっぱい読んでおくことです。

時間がないときには，熟読しないで目を通すだけでも構いません。要は，**知識の引き出しをいっぱいにしておく**ことが大切なのです。そうすると，何かを見たときに，その事象と自分の知識が共鳴し，アイディアがひらめくことがあります。

面白いアイディアとは，ゼロから生み出されるものではありません。先述の例でいえば，既存の「猛獣狩りゲーム」と「いくつといくつ」が結びつくことで，新たな教材になりました。アイディアは，何かと何かが共鳴して生まれるものです。ですから，知識の引き出しが多いほど，共鳴する確率が高まるのです。

(1)アイディア発想のちょい技

まわりを巻き込んで，発想を広げる

> **ポイント**
> ・大きな声で悩む
> ・想定外の反応も生かす

　授業のアイディアが浮かばないときには，大きな声で悩んでみるのも手です。悩みをオープンにして，まわりを巻き込むわけです。すると，1人で悩むより発想が広がります。そして何より，みんなで悩んだ方が楽しいのです。

① 大きな声で悩む

　例えば，2年「はこの形」で，私が悩んだのは，子供にどんな箱をつくらせるかということでした。「せっかくなら，子供が『きれいな箱にしたい』と思えるような箱がいいだろう」と考えました。「最初は，画用紙で自由に箱をつくらせてみよう。きっと，ぐにゃぐにゃな箱ができあがるに違いない。そしたら子供たちは『もっときれいな箱にしたい』と，身近な箱の形を観察していくだろう」，そう考えたのです。

　しかし，どんな箱なら，子供が「きれいにつくりたい」と思えるでしょうか。自分だけで考えていても，アイディアがなかなか浮かびません。そこで，職員室で近くの先生に話題を切り出しました。学校の先生というのは，元々教えるのが好きな人種です。授業の話を始めると，いろいろな先生方が話に加わってきてくれました。

隣にいた先生が「宝箱にしたらどう」と知恵を貸してくれました。「図工の時間に粘土で宝物をつくって，それを入れるための宝箱をつくる」というアイディアです。「なるほど，図工と関連させるというのは，面白いアイディアだ」と思いました。しかし，困ることがあります。それは，紙でつくる宝箱は強度が弱いため，粘土でつくった宝物を入れると壊れてしまうのです。
　すると，別の先生が「だったら，粘土じゃなく，アルミホイルで宝石を作ったらどう」と知恵を貸してくれました。アルミホイルを丸めて，そこにカラーセロハンを貼って宝石にするというアイディアです。確かに，アルミホイルなら，軽いので壊れません。しかし，ここでも1つ困ることが出てきました。宝石は，丸い形です。それを入れる箱となると，立方体っぽい箱に限定されてしまい，多様な形が生まれないのです。
　すると，さらに別の先生が「魔法の鍵をつくるっていうテーマはどう」と知恵を貸してくれました。なるほど，魔法の鍵ならいろいろな形ができそうです。

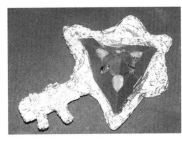

魔法の鍵

❷ 想定外の反応も生かす

　早速，図工の時間に「魔法の鍵」をつくってみました。つくってみると，思いがけない副産物がありました。子供たちは，余ったアルミホイルを使って，鍵だけでなく鍵のまわりに小さな装飾品をつくっていったのです。子供たち曰く，魔法のアイテムです。
　作品を廊下に掲示すると，案の定，魔法のアイテムはころころと転がってしまいます。それを見た子供から，「箱をつくってまわりを囲んだらいいのに」という声があがりました。その発言を取り上げ，授業を行いました。
　一人で悩まず，「まわりの先生の意見」や「想定外の子供の反応」を生かすことで，授業の発想が広がります。

(1)アイディア発想のちょい技

本質を捉えて，内容を発展させる

ポイント
・内容ではなく，本質に目を向ける
・内容を発展させて，本質に迫る

　授業を準備する際，教える内容にばかり目が向きがちです。しかし，内容でなく，その本質に目を向けると，教材を発展できることがあります。

❶ 内容ではなく，本質に目を向ける

　例えば，5年に「偶数と奇数」という学習があります。単に「偶数」「奇数」という内容を教えようとすると味気ない授業になってしまいます。そうではなく，この学習を「あまりによって整数を類別し，整数の見方を深める学習」と捉えると，アイディアが楽しく広がります。

　整数は，2でわった場合には，あまりによって偶数と奇数に類別できます。この「2でわった」の代わりに「3でわった」「4でわった」と置き換えれば，考えを発展させることができるのです。例えば3でわった場合，（1，4，7…）は，あまりが1の仲間，（2，5，8…）は，あまりが2の仲間，（3，6，9…）は，あまりがない仲間と，3つの仲間に類別できます。

　そうした見方でカレンダーを見るのも面白いものです。「月曜日は7でわったあまりが1の仲間」「火曜日はあまりが2の仲間」というふうに見えてきます。

❷ 内容を発展させて，本質に迫る

　NHKの番組に「アルゴリズムたいそう」という面白い体操があります。「手を横に，あら危ない♪」というメロディーに合わせて，手を横に振る人と，しゃがんでよける人に

分かれる体操です。この「アルゴリズムたいそう」を教材に用いると，楽しく「偶数と奇数」の授業ができます。しゃがむ人，振る人，しゃがむ人，振る人…と，交互に並んでいき，20番目の人はどんな動作になるかというのが，課題です。しゃがむ人は（1，3，5…）番目の人，振る人は（2，4，6…）番目の人。20番目まで調べなくても，20を2でわればあまりがないので，振る人だと分かります。

　偶数と奇数を教えるだけなら，ここで授業を終えてもよいのですが，本質に目を向ければ，さらに問題を発展させることができます。

　「先生がオリジナルの動きを考えたよ」と言い，「手を横に，あら危ない♪」のリズムに合わせて，両手を大きく広げてみせます。つまり，「し

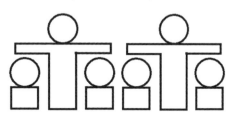

ゃがむ，振る，しゃがむ，しゃがむ，振る，しゃがむ…」という振りつけにするのです。

　このとき，20番目の人はどんな動作になるでしょうか。少し難しい問題ですが，2でわったときの考えを参考にすれば，考えることができます。

　（1，4，7…）など，3でわったあまりが1の人はしゃがむ。
　（2，5，8…）など，3でわったあまりが2の人は振る。
　（3，6，9…）など，3でわったあまりがない人はしゃがむ。

　20番目の人は，3でわるとあまりが2なので，振る人だと分かります。

 (1)アイディア発想のちょい技

ちょい技 4 目的を捉えて，活動を充実させる

ポイント
・活動の目的に目を向ける
・目的と手段を混同しない

　授業を準備する際，学習活動にばかり目が向くことがあります。しかし，活動そのものではなく，活動の目的に目を向けると，活動を充実させられることがあります。

 活動の目的に目を向ける

　例えば，4年「直方体と立方体」で，面や辺や頂点の数を調べる活動があります。これを，数を調べること自体が目的だと捉えると，単に「面は6，辺は12，頂点は8」と数を数えるだけの活動になってしまいます。
　そうではなく，面や辺や頂点の数を調べることを通して，「面や辺や頂点のつながり方の特徴を捉えさせること」が目的だと捉えてみては，どうでしょう。
　つながり方の特徴を捉えさせようと思えば，辺の数が12本と分かって終わりにはしないはずです。子供たちに「どうやって数えたの」と尋ねたくなります。
　尋ねてみると，「4×2＋4」という数え方の子がいることでしょう。上と下の四角形に4つずつ辺があるから，4×2。上下の四角形の頂点を結ぶ

辺が4本あるから4を足して，12本という捉え方です。

或いは，「4×3＝12」という数え方の子もいることでしょう。同じ長さで平行な辺が4本ずつ3組あるから12本という捉え方です。

中には「4×6÷2」という数え方の子もいるかもしれません。四角形の面には4つずつ辺があり，面は6つあるから，4×6で24本。しかし，組み立てたとき，辺が2つずつ重なって1つの辺になるから，24を2でわって，12本という見方です。

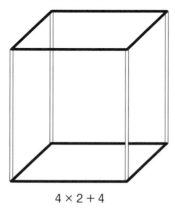
4×2＋4

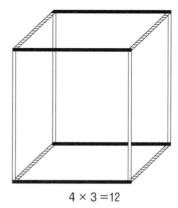
4×3＝12

❷ 目的と手段を混同しない

このように「面や辺や頂点の数を調べる」という活動を，「目的」ではなく「手段」と見ると，活動の質が大きく変わります。学習活動を考える際には，目的と手段を混同しないことが，大切です。

(1)アイディア発想のちょい技

\ちょい技/
5 常識を疑って，発想を広げる

> **ポイント**
> ・頭をやわらかくする
> ・意外な人からの言葉をヒントにする

　授業のアイディアが浮かばないときには，当たり前だと思い込んでいる常識を疑ってみるのも1つの手です。

 頭をやわらかくする

　例えば，4年「直方体と立方体」では，立方体の展開図をつくります。展開図といえば，辺に沿って切るのが常識です。しかし，頭をやわらかくして，その常識を破ってみると，次のような面白い形ができあがります。

 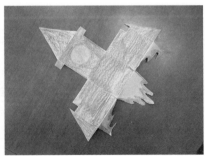

　　ロボット型展開図　　　　ロケット型展開図

（参考文献：『算数楽しくハンズオン・マス』坪田耕三著，教育出版）

❷ 意外な人からの言葉をヒントにする

　意外な人からの思いがけない一言が，発想のヒントになる場合もあります。
　２年「はこの形」で，大切な魔法の鍵を入れる箱をつくらせようとしていたときのことです。同僚の先生から「子供にとっての箱に，ふたってあるのかな。ふたがあると，大切なものが見えなくなってしまうよ」と言われました。その言葉を聞いたときには，ふたのない箱で学習するなんて，できるはずないと思いました。そもそも，直方体という言葉を習っていないから「箱の形」という言い方をしているだけで，要は直方体の学習です。ふたがなければ，面が６つということを学習できないと思ったのです。しかし，そうは思ったものの，心の片隅に「ふたのない箱」という言葉が，ずっと残っていました。
　そんなある日，「ふたのない箱の形なら，２年生でも展開図をつくることができるぞ」と思いつきました。普通の展開図なら，難しくてつくれませんが，ふたをなくすだけで，難易度がうんと下がります。子供たちに５枚の色板を渡すと，２年生でも，いろいろな種類の展開図をつくることができました。算数は専門外の先生の，思いがけない一言が発想のヒントになったのです。

ふたなし展開図

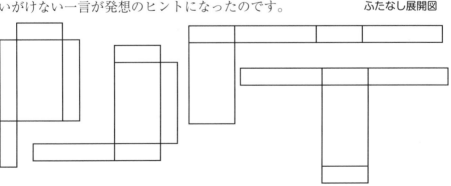

1章　授業準備のちょい技

(1)アイディア発想のちょい技

\ちょい技/
6 逆思考で考えて，発想を広げる

> **ポイント**
> ・逆に考えてみる
> ・問題，図，式の順を逆にする

　授業のアイディアが浮かばないときには，逆思考で考えてみるのも，1つの手です。

① 逆に考えてみる

　例えば，4年「垂直・平行と四角形」では，対角線について学習します。普通は，いろいろな四角形を観察して，対角線の特徴を調べます。これを逆にすれば，対角線から四角形をつくるという活動が思いつきます。

| 普通　：「四角形」→「対角線」 |
| 逆思考：「対角線」→「四角形」 |

　2本の棒の真ん中を固定し，そのまわりに輪ゴムをかけます。棒を対角線，輪ゴムを辺に見立てて，平行四辺形やひし形，長方形や正方形をつくります。

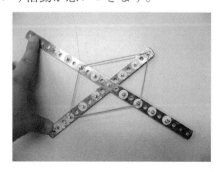

平行四辺形

子供たちにとって，対角線から四角形をつくるなんていう経験は，ありません。新鮮で楽しい活動になることでしょう。

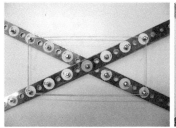  

長方形　　　　　　　　正方形　　　　　　　　ひし形

❷ 問題，図，式の順を逆にする

　文章問題では，「問題（言葉）を読み，図をかいて考え，式に表す」という活動が普通です。これを逆にすれば，「式から図をかく」という活動が思いつきます。例えば，「6÷2を図で表そう」といった課題です。図に表した後には，その図の意味を言葉で説明すると，さらに学習が深まります。

　或いは，「式から問題をつくる」という活動も思いつきます。例えば「5＋3＝8の式になるお話をつくりましょう」という課題です。お話をつくった後には，お話に合わせてブロックを動かすと，さらに学習が深まります。

```
普通　：「言葉」→「図」→「式」
逆思考：「式」→「図」→「言葉」
逆思考：「式」→「言葉」→「図」
```

　いつもとは逆の流れにするだけで，子供にとっては新鮮な活動になり，楽しく学習することができるのです。

コラム

授業準備　技　の　心

　研究授業などの後には，授業者から「今日の授業は，よかった」「今日は，駄目だった」といった声が聞かれます。その善し悪しは，何を基準に決めているのでしょうか。

　もし，公の場で，善し悪しの基準について尋ねられたなら，「ねらいの力が子供に身についたかどうか」と答えるでしょう。しかし，飲み会など，気さくな場で若い先生から尋ねられたときには，私はこう答えています。「自分が楽しかったら，授業はマル」。半分冗談ですが，半分は本当の気持ちです。

　教師は，元々真面目な性格の人が多いですから，子供のためへの労を惜しみません。しかし，「子供のために」という思いばかりで，授業の準備をすると，しんどくなってしまいます。私は，「教師自身が，授業づくりを楽しむこと」も，長く仕事を続ける上で，大切なことだと思っています。

　自分が面白いと感じる教材は，子供にとっても面白いものです。自分が，やっていて，楽しいと感じる授業では，子供も楽しんでいるものです。子供が，夢中になっているとき，そこには，必ず何らかの学びがあるものです。あまり，授業を難しく考え過ぎず，授業づくりを楽しみたいものです。

　若い頃は，誰もが情熱にあふれています。しかし，年齢を重ねるにつれ，情熱が薄れていく先生と，ずっと情熱を維持し続ける先生に分かれていきます。教師自身が授業づくりを楽しむこと，それが，長く情熱を抱き続ける秘訣だと思います。

教材・教具の
ちょい技

　学びがいのある教材には，次のような条件があります。
「①矛盾・驚きが生まれる」「②切実感が生まれる」
「③適度な負荷が生まれる」「④多様な考えが生まれる」
　本章では「矛盾・驚き」「切実感」「適度な負荷」「多様な考え」を生み出すためのちょい技と，子どもをひきつける味つけのちょい技を紹介します。

(1)矛盾・驚きを生み出すちょい技

\ちょい技/
7 予想外の結果で，「あれ？」を生み出す

> **ポイント**
> ・予想外の教材を用いる
> ・「魔法」という言葉を加える

　子供は，予想外の結果と出会って「あれ？」と驚いたとき，主体的に動き出します。子供を夢中にさせるには，「あれ？」が生まれるように，教材を仕組めばよいのです。

　例えば，5年「合同な図形」で，右のようなトリックアートを提示します。①と②の天板の形は，一見同じには見えませんが，本当は同じ形です。そのことを子供たちに告げると，子供たちは，「あれ？」と驚き，本当に同じなのかを確かめようと，動き出します。

　大抵の子は，まず，ものさしをあてて，辺の長さを調べます。辺の長さが同じだと分かったら，次は，分度器で角度を調べ出します。長さと角度が同じでも，まだ納得できません。今度は切り取ったり，透かしたりして，ぴったり重なるかを調べます。つまり，長さと角度が同じなら，本当に同じ形と

いえるのかを，重ねてみて確かめるわけです。

　教師が「合同かどうか調べましょう」と指示を出し，「どうやったら調べられますか」と問いかけなくてもよいのです。「あれ？」が生まれると，子供が自ら動き出します。

❷「魔法」という言葉を加える

　予想外の結果に「魔法」という言葉を加えると，子供はさらに夢中になります。子供は「魔法」と言われると，「そんなはずは…」と，そのしかけを暴きたくなるのです。

　例えば，「線を引くだけで，かけ算しなくても答えが出る『魔法の計算』があります」と言って，次のような計算を紹介します。

　「12×23の計算をします。何をしているか見ていてね」と言い，まず，1本と2本の線を斜めにひきます。子供からは「あ，分かった。12のことだ」という声があがり

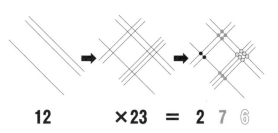

ます。次に，2本と3本の線を斜めにひき，交差させます。子供からは「23のことだ」という声があがります。最後に線の交点を数え，「答えは276です」と告げます。

　子供からは「あれ？　本当だ。合ってる」と歓声があがります。そして，子供はノートに何やら書き始めます。「他の数でも成り立つのか」を確かめ，「どうして，そうなるのか」と考え出すのです。

　考えていくうちに，線を交差させ，交点を数えるのは，かけ算をするのと同じだと気づきます。「位ごとに分けて計算して，後からたす」という計算の原理は同じなのです。

(1)矛盾・驚きを生み出すちょい技

\ちょい技/
8 数値にしかけをして，「あれ？」を生み出す

> **ポイント**
> ・数値にしかけをして，予想外の結果をつくる
> ・見せたいものは，見せない

　子供は，予想とは違った結果と出会うと，「あれ？」と心が揺さぶられ，自ら動き出します。しかし，いつでも子供が驚くような「びっくり教材」を準備できるわけではありません。ここでは，教材の数値にちょっぴりしかけを施すだけでも，子供に「あれ？」を与える方法を紹介します。

 **数値にしかけをして，予想外の結果をつくる**

　例えば，4年「変わり方調べ」で，ハイタッチの回数を教材にしたとします。3人がそれぞれ全員とハイタッチした場合，ハイタッチの回数は3回になります。4人だと6回になります。こうしたことを，実際にハイタッチをしながら調べます。

3人	4人	5人
3回	6回	?回

　　　　＋3　　　＋3 →9回？
　　　　×2　　　×2 →12回？

　すると，「だったら，5人なら…」と，次を予想する子が出てきます。多

くの子は，5人なら「9回」と予想します。「だって，3回ずつ増えているから」という理由です。中には「12回」と予想する子も出てきます。「2倍ずつ増えているから」という理由です。

ところが，実際に調べてみると，5人だと「10回」になるのです。子供たちは，予想外の答えに「あれ？」と驚き，「どんなきまりがあるのだろう」と考え出します。

本来，変わり方を調べる際は，1人なら0回，2人なら1回，3人なら3回，4人なら6回…，と順に調べていきます。それを，3人と4人の場合だけを提示することで，きまりを見えづらくして，「あれ？」を生み出したのです。

❷ 見せたいものは，見せない

教師が親切すぎると，考える子が育たないことがあります。見せたいものは，見せないというのも，教師の技の1つです。

きまりを見つけるには，伴って変わる2量の組が少なくとも3組は必要です。しかし，3組全てを教師が提示してしまうと，子供の考える余地を奪ってしまいます。

人数	1	2	3	4	5
回数	0	1	3	6	10

→ +1　→ +2　→ +3　→ +4

「3人なら3回」「4人なら6回」という2組だけを見せれば，きまりが分かりません。そこで，子供はきまりを見つけるために，「2人なら…」「1人なら…」と，伴って変わる2量の組を自ら調べていくのです。

(1)矛盾・驚きを生み出すちょい技

ちょい技 9

「○○なのに△△」の形をつくり，「どうして？」を生み出す

> **ポイント**
> ・矛盾が起こるようなしかけをつくる
> ・「なるほど」から，矛盾を考える

　子供は，「○○なのに△△」という矛盾と出会うと，「どうして？」と自ら考え出します。ですから，「○○なのに△△」となるように，教材を仕組めばよいわけです。

① 矛盾が起こるようなしかけをつくる

あ

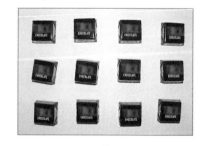
い

　2年「かけ算」の導入。あ，いの写真を見せて，「どちらが数えやすいですか」「それは，どうしてですか」と問えば，授業は成立します。しかし，それでは教師主導の味気ない授業になってしまうことでしょう。そこで，「○○なのに△△」という矛盾が起こるようなしかけを考えます。

例えば，チョコレートの写真を3秒だけ見て，何個あるかを素早く数えるというゲームをします。教室を右と左の2チームに分けて，正解者の多いチームが勝ちというルールにします。

　まずは，左のチームには目を閉じさせ，右のチームだけにⓐの写真を3秒見せます。見終わったら，チョコの数を静かにノートに書かせます。次は，同様に，右のチームには目を閉じさせ，左のチームにⓘの写真を見せて，数を書かせます。

　正解者を数えると，左のチームの圧勝となります。右のチームからは「ⓘの方が簡単だったんじゃないの」というブーイングが起こることでしょう。「そんなことありませんよ。どちらも同じ12個だったんですよ」ととぼけてみせれば，子供に「同じ数なのに，ⓘの方が数えやすいのは，どうして？」という問いが生まれます。

　こうして，問いが生まれたところで，写真を見せます。子供たちは「ずるーい。だって…」と声をあげることでしょう。そして，「だって…」と，ⓘの方が数えやすい理由を語り出します。教師が「ⓘの方が数えやすいのは，どうしてですか」と尋ねなくても，子供が自ら語り出すのです。

❷ 「なるほど」から，矛盾を考える

　教材を考える際は，無理矢理「矛盾」をつくりだそうとするよりも，「なるほど」から考えていった方が，「矛盾」を思いつきやすいものです。「なるほど」とは，その授業のねらいにあたるものです。今回の事例でいえば，「並んでいれば，全部を数えなくても縦と横の数だけ数えれば，全部の数が分かる」ということです。

　その「なるほど」に至るには，「並んでいると数えやすいのは，どうして」という問いが必要になります。そして，その「どうして」を生むには，「同じ数なのに，ⓘの方が数えやすい」という矛盾が必要だと，思いつくわけです。

(1)矛盾・驚きを生み出すちょい技

ちょい技 10 矛盾した考えが生まれるように仕組み，「どうして？」を生み出す

> **ポイント**
> ・異なる考えが生まれるような問題を出す
> ・教師も，矛盾する考えを提示する

「○○なのに，△△なのはどうして」という形を，教師がつくるのもよいですが，子供の中から生まれてくると，もっと素敵です。そうなるように，教材を仕組みたいものです。

① 異なる考えが生まれるような問題を出す

例えば，3年「わり算」で，「あめが6個あります」と言って，「6÷2を図で表そう」という問題を出します。

みんなが図をかけたところで，「自分のかいた図と友達のかいた図を比べてごらん。自分のかいた図を持って，教室を自由にまわっていいよ」と指示を出します。

しばらくすると，あちこちでざわめきが起こり始めます。それは，自分のかいた図と異なる図と出会うからです。多くの子は，①のような図をかくのですが，2割ほどの子が②のような図をかくのです。

図①

図②

自分とは異なる図と出会った子供たちは,「その図はおかしいよ。だって…」と,自分の考えをしゃべらずにはいられなくなります。そして,「どうして,そんな図をかいたの」と,友達の考えを聞かずにはいられなくなります。異なる考えを出会うことで,「同じ式なのに,違った図になるのはどうして？」という矛盾が生じるのです。

　実は,わり算には,等分除と包含除の２つの意味があります。①の図は,６個のあめを２人に分けた,１人分を求める図（等分除）。②の図は,６個のあめを２個ずつ分けて,何人に分けられるかを求める図（包含除）。どちらも正しい図なのです。

❷ 教師も,矛盾する考えを提示する

　ちなみに,発展として「先生はこんな図をかいたよ」と下のような図を提示しても面白いでしょう。

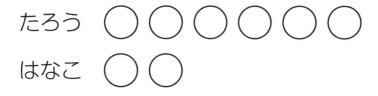

　子供には「６÷２なのに,あめが８個あるのはどうして？」「わり算なのに,分けてないのはどうして？」というハテナが生まれます。

　実はこの図,「太郎は花子の何倍のあめをもっているか」を求める「倍のわり算」の図なのです。

(1)矛盾・驚きを生み出すちょい技

ちょい技 11 「○○なのに」を固めて，「どうして？」を大きくする

ポイント

・まずは「△△なのは，どうして」のしかけをつくる
・「驚き」の前に，「普通」を経験させておく

「○○なのに，△△なのはどうして？」という矛盾を生み出す際に，「○○なのに」の部分をしっかり固めておくと，「どうして？」が大きく演出されます。

① まずは「△△なのは，どうして」のしかけをつくる

例えば，次のような「計算おみくじ」を行うとします。

① 好きな数字を3つ書く。
② その3つの数字を2回繰り返して，6桁の数をつくる。
　（例　125125）
③ 教師がわる数を言い，子供は3秒以内にあまりを予想する。
④ 計算し，あまりの数が当たっていれば，大吉。

（図：○）125125　教師がわる数を言う
　　　　　　　　　子供があまりを予想

このゲームには，わる数を7にすると，あまりが必ず0になるという面白

さがあります。子供に考えさせたいのは，「わる数が7だとあまりが0になるのは，どうして」という問いです。しかし，いきなりわる数を7にはしないのが，ミソです。

❷「驚き」の前に，「普通」を経験させておく

　はじめのうちは，わる数をなるべく小さな数にしてあげます。例えば，わる数が3なら，あまりになり得るのは，0，1，2，3の4種類だけですから，1／4の確率で大吉になるわけです。大吉になった子にシールを貼ってあげると大喜びです。普段は計算が嫌いな子も夢中になって計算します。

　こうして「人によってあまりの数が違う」という経験をさせた上で，「次は大サービス。当たった子にはあまりの数だけチョコをあげます」と告げます。例えば，あまりが2で当たった子にはチョコが2個，あまりが8で当たった子にはチョコが8個当たるというルールです。チョコと聞くと，子供の目の色が変わります。

　ここで，ようやくわる数を7にするのです。わる数を7にすると，必ずあまりが0になります。もし当たった子がいたとしても，チョコを0個あげればよいというわけです。

　子供たちは，最初のうち「はずれた」「わり切れちゃった」と悔しがります。しかし，そのうち，近くの子のノートを見て「あれ」とざわめき始めます。どの子も必ずあまりが0になっていることに気づくのです。そして「それぞれが好きな数を選んだのに，みんなあまりが0になるのは，どうして」という問いが生まれます。

　実は，3つの数を2回繰り返すということは，3桁の数に1001をかけるということなのです。この1001を素数の積で表すと，7×11×13になります。ですから，7や11や13でわると，必ずわり切れるのです。

$$125 \times 1000 = 125000$$
$$+) \; 125 \times \quad 1 = \quad\;\; 125$$
$$\overline{125 \times 1001 = 125125}$$

(1)矛盾・驚きを生み出すちょい技

\ちょい技/
12 既習との違いから、「どうして？」を生み出す

> **ポイント**
> ・1，2問目を既習，3問目を未習にする
> ・既習だと思わせて，未習を提示する

　驚きや矛盾を生むびっくり教材を，毎日準備できるわけではありません。教科書の教材も，提示の仕方を演出すれば，「○○なのに，△△なのはどうして？」を生み出すことができます。「○○なのに」にあたるのが既習事項，「△△」にあたるのが，これから学ぶ未習事項。既習と未習の違いを明確にすることで，「どうして」が生まれるのです。

① 1，2問目を既習，3問目を未習にする

　例えば，4年「面積のはかり方と表し方」。第1時では，「1㎠のいくつ分かで，広さを表せること」を学習します。第2時の導入で，その復習として，いろいろな形を見せて何㎠かを当てるクイズ

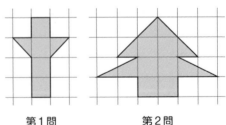

第1問　　　　　第2問

をします。第1問は正解が5㎠，第2問は10㎠と，面積が大きくなるにつれ，難しくなります。第3問では，「次は，もっと大きな面積です。きっと難しくて数えられないでしょう」と煽ってから，形を提示します。

ところが，提示してすぐに「24㎠だ」と分かる子がいます。そこから「大きい面積だと数えるのが大変なはずなのに，すぐに求められるのはどうして」という問いが生まれます。1・2問目に既習の形を提示しておくことで，長方形の特殊性が浮き彫りになるのです。

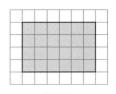
第3問

考えていく中で，子供たちは，長方形の場合，縦と横の長ささえ分かれば面積が求まることに気づき，「長方形の面積＝縦×横」という公式がつくられます。

❷ 既習だと思わせて，未習を提示する

面積の公式を使いこなせるようになったら，複合図形の面積を学習します。その際，形を紙で隠し，少しずつ見せていきます。左端が見えたあたりで，子供から「横の長さを教えて」という声があがります。「縦と横の長さが分かれば，公式を使って求められる」というのです。

長方形と思わせて…

こうして，長方形の公式を確認した上で，紙を全部めくってみせます。めくるとびっくり。長方形ではないのです。ここで，すかさず「長方形じゃないから，公式を使えないね」と子供たちに言ってみせます。すると

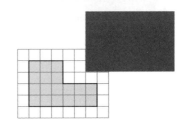
実は，未習の形…

「使えるよ」という子供が出てきます。そして，「長方形じゃないのに，長方形の公式が使えるのはどうして」という問いが生まれるわけです。

ここに紹介した教材は，教科書に載っているものです。そこに一工夫，既習との違いが明確になるように演出することで，「どうして」が生まれる教材へと変身するのです。

(2)切実感を生み出すちょい技

ちょい技 13 生活と結びつけて，切実感を生み出す

> **ポイント**
> ・子供の関心が高いものを，教材に用いる
> ・子供自身のデータを，教材に用いる

　やらされる学習はつまらないものですが，自ら考える学習は楽しいものです。それでは，「考えたい」という切実感を生み出すには，どうすればよいのでしょうか。その方法の1つに，「生活と結びつける」があります。

１ 子供の関心が高いものを，教材に用いる

　例えば，6年「資料の調べ方」で，子供にとって，生活の中で関心が高い「お小遣い」を教材に取り上げます。

> 　まさひで君は，お小遣いを毎月1200円もらっています。ある日，お母さんに「お小遣いもっと高くして。だって，みんなのお小遣いはもっと高いよ」と頼みました。ところが，お母さんから「みんな？　本当？」と言われてしまいました。そこで，お小遣いをもらっている友達にアンケートをとって，お小遣いの金額を調べてみることにしました。

　このような物語を提示して，みんなのお小遣いの額を1つずつ提示していきます。子供にとって，お小遣いの額は切実な問題です。「たかーい」「やす

ーい」と声をあげながら，本気になって数とにらめっこします。

　ちなみにこのデータは，平均値は1325円，最頻値（最も人数の多い金額）は600円，中央値（真ん中の順位の人の金額）は800円となるように仕組んでいます。資料の見方によっては，みんなのお小遣いが1200円より高いとも安いともいえるようになっているわけです。

❷ 子供自身のデータを，教材に用いる

　生活と結びつけることに加え，自分のデータを用いることで，さらに切実感が増します。

　4年の折れ線グラフの授業において，持久走大会のある学校なら，練習の際に，100mごとのラップタイムを計り，それを折れ線グラフに表すのもよいでしょう。「タイムを縮めたい」という願いから，「走りを考察するために，変化の様子を見やすく表したい」という切実感が生まれます。

　教科書では，架空の町の1日の気温を教材に扱っていますが，他人のデータでは，本気で「見やすく表したい」という思いは生まれません。そうではなく，自分のデータを用いるだけで，うんと本気度が増すのです。

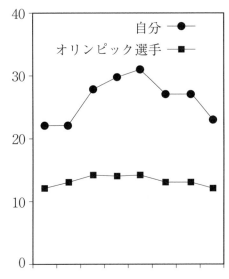

(2)切実感を生み出すちょい技

\ちょい技/
14 ゲーム性をもたせて，夢中にさせる

> **ポイント**
> ・ゲームから問いを生む
> ・「勝ちたい」を「考えたい」につなげる

切実感を生み出すには，教材にゲームを取り入れるのも，1つの手です。「勝ちたい」という思いが，「考えたい」という意欲を生み出します。

① ゲームから問いを生む

例えば，1年「たしざん」なら，「1から5のたし算」の学習が終わった後に，「たし算じゃんけんゲーム」をします。

> ① 2人ペアをつくる。
> ② 「じゃんけんぽん」のかけ声で，お互いに好きな本数だけ指を出す。
> ③ 2人が出した指の合計を言う。
> ④ 先に合計を言った方が勝ち。

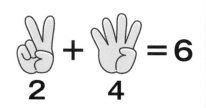

Aさんが指を2本出して，Bさんが4本出したら，答えは6。先に「6」と言った方が勝ちというルールです。

時間を制限して，何人に勝てるかを競い合うと，そのうち，やたら強い子

が現れます。それは，0を出し続ける子です。0は足しても数が変わらないから，相手の指だけを見れば，答えが分かるのです。「勝ちたい」という思いが，指を出さないという工夫を生むわけです。

これって，たし算？

しかし，中には「0ってたすことができるの」「計算してないのに，たし算になるの」と疑問をもつ子もいることでしょう。そこで，グーとチョキで2になる場面を取り上げ，「これを，たし算の式に表してみよう」と投げかけます。すると，「0のたし算」の学習になるわけです。

❷「勝ちたい」を「考えたい」につなげる

教材にゲームを取り入れる際には，最初だけ盛り上がるのではなく，「勝ちたい」を，「考えたい」につなげることが大切です。

例えば，3年「あまりのあるわり算」で，次のようなゲームをします。

① 13個のおはじきを2人で交代に取る。
② 1回に取れるのは，1〜3個。
③ 最後の1個を取った方が負け。

子供同士で何度かゲームを楽しんだ後，先生 vs 子供で勝負します。その際，先生が後攻になり，何回やっても勝ってみせます。すると，子供は「何か，必勝法があるに違いない」と思い，カラクリを見破ろうと考え出します。「勝ちたい」が，「必勝法を考えたい」という意欲につながるわけです。

なかなか見破れないときには，板書に整理してあげると分かりやすくなります。後攻が，合わせて4個になるように取っていけば，「13÷4＝3あまり1」ですから，あまりの1個を先攻が取るというカラクリです。

	子供	先生
1回目	●●	●●
2回目	●●●	●
3回目	●	●●●
4回目	●	

(2)切実感を生み出すちょい技

ちょい技 15 手間がかかる場面を生じさせて，「簡単にしたい」を引き出す

> **ポイント**
> ・手間がかかるように仕組む
> ・具体的な操作で手間を実感させる

　「目黒のサンマ」という落語があります。殿様に食べさせるサンマだからと気を遣い，体によくない脂を抜き，危険な小骨を取り除いたら，サンマがまずくなってしまったという話です。

　授業にも同じことがいえる気がします。教材を親切に調理し過ぎると，子供の考える余地を奪ってしまいます。子供は，手間がかかれば「簡単にしよう」とします。煩雑になっていれば「整理しよう」とします。うまくいかなければ「解決しよう」とします。教材は，不都合が生じるように仕組んだ方がよいのです。

① 手間がかかるように仕組む

　例えば，2年「3けたの数」で，メロン1個に入っている種の数を数えます。子供は，「数えるだけなんて簡単」と思って数え始めます。しかし，そう上手くはいきません。種が転がって数え間違えたり，まわりの子が数えている声が邪魔になって，数を途中で忘れたりしてしまうのです。

　間違えるたびに最初から数えていては大変ですから，10ずつのまとまりをつくって置いていくという工夫が生まれます。そうすれば，数を忘れても，

途中からやり直すことができます。

　そうやってうまく数えていくのですが，そのうち，また，困ったことが出てきます。机の上が10のまとまりでいっぱいになるのです。そうなると，今度は，10のまとまりを更に10個ずつまとめて，100のまとまりをつくるという工夫が生まれます。

10ずつのまとまりをつくろう！

❷ 具体的な操作で手間を実感させる

　教科書は，全国誰もが使いやすいように，数える対象が挿絵に描かれ，挿絵は，10や100のまとまりごとに並んでいます。そのため，子供たちは，考えなくても十や百のまとまりをつくるように導かれます。

　しかし，「十や百のまとまりをつくろう」という考えを育てたいなら，メロンの種といったような具体物を用いて，手間がかかるように仕組むことです。

　東京書籍の教科書の挿絵は，昔は象の数を数えるものでしたが，最近は，

机の上がいっぱいだ！

100のまとまりをつくろう！

クリップのつかみ取り大会の様子に変わりました。これは，挿絵で示してはいるものの，「授業では具体物を使ってほしい」というメッセージなのだと思います。

2章　教材・教具のちょい技　　55

(2)切実感を生み出すちょい技

\ちょい技/
16 煩雑な場面を生じさせて，「整理したい」を引き出す

> **ポイント**
> ・あえて指示を曖昧にする
> ・あえて親切にしない

　教材を親切に調理し過ぎると，子供の考える余地を奪ってしまいます。煩雑になるように教材を仕組むことで，「整理しよう」という必要感が子供に生まれます。

① あえて指示を曖昧にする

　例えば，2年「ひょうとグラフ」で，人気の教科を調べます。カードを渡し，「好きな教科を書いて，黒板に貼りましょう」とだけ指示を出します。みんなが自由に貼るのですから，当然黒板はぐちゃぐちゃになります。何が人気なのか，ぱっと見て分かりません。そ

ばらばらに貼られたカード

こで，「同じ教科ごとに並べよう」というアイディアが，子供から生まれます。
　同じ教科ごとに並べても，また問題が発生します。自由に貼っていくわけですから，出だしの位置も，間隔もばらばらです。人数の少ない教科の方が

位置が高くなってしまうなどして、比べにくいのです。そこで、「出だしの位置をそろえよう」「間隔を詰めよう」「そうすれば、高さで比べられるよ」というアイディアが、子供から生まれます。

間隔がばらばら

　それでも、まだ問題が出てきます。「好きな教科をカードに書きましょう」と指示しただけですから、縦書きで書いている子と横書きで書いている子がいます。横向きにそろえると、文字が読みにくくなります。文字に合わせて貼ると、高さが変わってきます。どうすればよいかと悩むわけです。

　考える中で、「教科名は1つだけあればいい」というアイディアが出てきます。「教科名の上に○を書いていけばいい」というわけです。こうして、○を使ったグラフが出来上がります。

縦書きと横書き

❷ あえて親切にしない

　グラフをかかせる際、「子供がかきやすいように」という親切心から、マス目入りの用紙を用意する先生がいます。確かに、それだと、子供が○を書き込むだけでグラフは完成します。

　しかし、あえて親切をせず、白紙の紙を渡すのも1つの手です。高さがそろわないからこそ、「高さをそろえよう」という考えが生まれるのです。

○の数で表そう

2章　教材・教具のちょい技　57

(2)切実感を生み出すちょい技

ちょい技 17 困る場面を生じさせて、「解決したい」を引き出す

> **ポイント**
> ・どんな「困った」があればよいか考える
> ・解決方法を子供に発見させる

　子供に「解決しよう」という切実感をもたせたいなら、うまくいかずに困るような場面を仕組むことです。

　例えば、1年「どちらがながい」では、直接比較、間接比較、任意単位による測定を経験させます。直接比較とは、直接重ねて比べる方法。間接比較とは、紙テープに長さを写し取るなど、他の物を媒介にして比べる方法。任意単位による測定とは、チョークやブロックなど、何かを単位として、そのいくつ分かで数値化する方法です。

　こうした方法を子供に発見させるために、どんな「困った」があればよいのかと考えていけば、教材がひらめきます。見た目だけでは比べられない場面を仕組めば、子供は直接比較の方法を考え出すでしょう。動かして直接比べられない場面を仕組めば、間接比較を考え出すでしょう。その場にいない誰かに長さを伝える場面を仕組めば、任意単位による測定を考え出すでしょう。そうした場面を仕組めばよいわけです。

❷ 解決方法を子供に発見させる

　例えば，粘土で制限時間内にできるだけ長いへびをつくります。そして，「お隣さんと勝負しましょう」と投げかけます。勝負事となると，子供は真剣になりますから，見た目だけで勝敗を決めるわけにはいきません。子供たちは，直接へびを重ねて長さを正確に比べることでしょう。

　次の時間には，「クラスのチャンピオンを決めよう」と投げかけます。グループで1位を決め，グループの1位同士で長さを比べるのです。こうなると，困ったことが生じます。遠くの席の人と長さを比べようとすると，運ぶ途中でへびが切れてしまうのです。子供は何とか解決しようとする中で，紙テープに長さを写しとるといった，間接比較の方法を考え出すでしょう。

　次の時間には，「チャンピオンの長さを学級通信で，おうちの人に伝えよう」と投げかけます。その場にいない人に伝えるとなると，困ったことが生じます。長さを言葉で表さなくてはならないのです。何とか解決しようとする中で，「チャンピオンの長さは，新品のチョーク18本分の長さです」といったように，任意単位を使って数値化する方法を考え出すでしょう。
　困った場面をつくり出し，解決方法を子供に発見させる。そうすることで，考える力が育まれます。

(3)適度な負荷を生み出すちょい技

ちょい技 18 適度な難しさにして、やる気を引き出す

> **ポイント**
> ・簡単な問題では，答えを隠す
> ・難しい問題では，見通しをもたせる

　子供は，問題が難し過ぎても，簡単過ぎても意欲を失います。問題を，ちょっと頑張れば何とか解けそうなレベルにすることが大切です。

❶ 簡単な問題では，答えを隠す

　例えば，1年「ひきざん」で次のような問題を解くとします。

> りんごが5個あります。3個食べました。
> 残りは何個になりましたか。

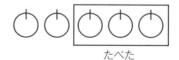

答えが見える提示

　この問題を提示する際に，問題の通り黒板に図をかくと，答えは2個だとあからさまに分かります。子供は，簡単過ぎて，問題を解く意欲を失ってしまいます。

そんなときは、「りんごが5個あります」と言いながら、おはじきを5個黒板に貼り、そのおはじきを紙で隠してしまいます。そして、そこから3個のおはじきを取るのです。黒板を見ても答えが分かりませんから、子供は考えようとするわけです。

答えが隠れた提示

❷ 難しい問題では、見通しをもたせる

反対に、問題が難しいときには、解決の見通しをもたせます。
例えば5年「小数のわり算」で次のような問題を解くとします。

> 1mの値段が80円のリボンを、2.3m買いました。
> 代金はいくらですか。

こんな問題をそのまま出されては、解決の糸口が見つからずに、意欲を失う子が出てくるでしょう。そこで、まず「2mなら、いくら」「3mなら、いくら」と、簡単な問題を出してから、2.3mの代金を問います。
2mなら、80×2＝160なので、160円。
3mなら、80×3＝240なので、240円。
そうしたことを確認した上で、2.3mの代金を問えば、「答えは大体200円くらいだ」という「答えの見通し」と、「かけ算を使えばいい」という解決の見通しをもてるというわけです。

(3)適度な負荷を生み出すちょい技

\ちょい技/
19 説明させて，負荷を与える

> **ポイント**
> ・分かる子には説明させる
> ・「〇年生に」という言葉を添える

　教室にはいろいろな子がいます。なかなか全員にとって，ちょうどよい難しさの課題にはなりません。そんなとき，分かる子には，説明をさせるのもよいでしょう。

❶ 分かる子には説明させる

　例えば，3年「わり算」で，12個のクッキーを3人で同じ数ずつ分けた1人分を考えるとします。教師としては苦手な子に寄り添って，操作活動をしながら，丁寧に指導したいものです。

　ところが，塾で先取り学習した子から，「なーんだ，簡単。わり算でしょ。12÷3で，答えは4個」という声があがるときがあります。そんなとき，「習ってないことは，言ってはいけません」と突っぱねればよいのでしょうか。それとも，知らないふりをさせて，白々しく授業を受けさせればよいのでしょうか。どちらも，違う気がします。初めて学習する子にとっても，先取り学習した子にとっても，新たな発見のある授業が理想です。

　そんなときには，分かる子に「説明」させてみるのも，よいでしょう。一般に「分かる」より「できる」，「できる」より「説明できる」の方が高い力

62

を必要とします。塾で習ってわり算の「やり方」は知っている子も，その「意味」は，案外説明できないものです。

❷「〇年生に」という言葉を添える

　説明させる際に使える「魔法の言葉」が2つあります。1つ目は「先生になったつもりで」という言葉です。ペアをつくり，先生役と子供役に分かれて説明させると，盛り上がります。2つ目は「〇年生に教えるつもりで」という言葉です。この言葉を添えると，使える既習が限定されます。今回の問題なら，「先生になって，2年生に教えるつもり」で説明させます。

　中には，たし算を使って説明する子が出てきます。皿の上のクッキーの数は，1回配るごとに3個ずつ増えます。0 + 3 = 3，3 + 3 = 6，6 + 3 = 9，9 + 3 = 12。4回足すと12になるから，答えは4個という説明です。

　中には，ひき算を使って説明する子も出てきます。手元にあるクッキーの数は，1回配るごとに3個ずつ減っていきます。12 − 3 = 9，9 − 3 = 6，6 − 6 = 3，3 − 3 = 0。4回引くと0になるから，答えは4個という説明です。

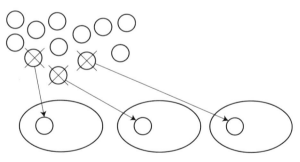

　もっと簡単にしようと，かけ算を使って考える子も出てきます。□ × 3 = 12。3の段で積が12になる数をさがして，答えは4個という説明です。

　こうした説明をし合った後に，3の段で12になる数をさがすことを「12 ÷ 3 = 4」と表すことを教えます。すると，それぞれ別々に捉えていた，たし算・ひき算・かけ算・わり算を，1つに結びつけて捉えることができます。これは，わり算を知っていた子にとっても，新たな発見になるわけです。

(4)多様な考えを生み出すちょい技

ちょい技 20 提示の仕方を工夫して，多様な考えを引き出す

> **ポイント**
> ・見せ方を工夫する
> ・投げかける言葉を工夫する

　同じ教材を使っても，教材の見せ方をちょっと工夫するだけで，生まれる考えが大きく変わってきます。多様な考えが生まれると，授業の楽しさも変わります。

① 見せ方を工夫する

　例えば，2年「かけ算」の活用で次のようなチョコの数を数えるとします。
　端から，少しずつめくって提示すると，チョコが4＋3＋4＋3…と順番に見えていきます。4と3を合わせて7のまとまりと見ると，7×3＋4や7×4－3という考えが生まれやすくなります（図1）。
　2色のチョコに色分けすると，4×4＋3×3と見る考えが生まれやすくなります（図2）。
　箱入りのチョコにすると，チョコの入ってない部分が強調されます。箱全部にチョコが入っていたら7×7で49個，そこから食べた分6×4の24個を引いて，25個という考えが生まれやすくなります。（図3）
　図ではなく，模型を提示すると，チョコを移動する考えが生まれやすくな

ります。うまく並び替えると，5×5の正方形になります。(図4)

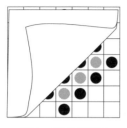
図1　端から提示

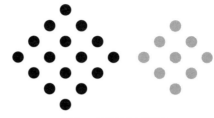
図2　色分けして提示

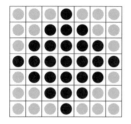
図3　箱入りで提示

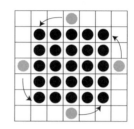
図4　模型を提示

② 投げかける言葉を工夫する

　投げかける言葉一つでも，生まれる考えが変わってきます。

　例えば，3年「長いものの長さのはかり方」で，走り幅跳びの長さを測るとします。ここで「何を使って測ればいいですか」と尋ねると，子供からは「巻き尺」という答えしか返ってきません。しかし，先生が30cmものさしを1つあててみせて「ものさし1つじゃ測れないんだけど，どうすればいいかな」と尋ねたらどうでしょう。子供からは「ものさしを，もっといっぱい継ぎ足せばいい」といった考えも出てくることでしょう。

　巻き尺だけを勉強しても，巻き尺を使うよさは分かりません。「ものさしを継ぎ足す考え」と「巻き尺を使う考え」を比較することで，「巻き尺だと，1回で簡単に測れる」といったよさが分かるのです。必要な考えが生まれるように，教材の見せ方や投げかける言葉を工夫するわけです。

(4)多様な考えを生み出すちょい技

ちょい技 21 活動を制限して，多様な工夫を引き出す

ポイント
・活動を制限して，工夫せざるを得なくする
・「考えさせたいこと」以外は，制限する

「自由に活動させると，自由な発想が生まれる」と思っている先生がいるかもしれません。

しかし，実際はその逆のように思います。活動の場を制限した方が，いろいろな工夫が生まれるものです。

① 活動を制限して，工夫せざるを得なくする

例えば，子供に100色入りの絵の具を買い与えたとします。子供には，色を工夫する必要がありません。しかし，2色の絵の具で絵をかかせると，どうでしょう。きっと，赤と青を混ぜて紫をつくるといったように，色を混ぜるという工夫をすることでしょう。1色の絵の具だけで絵をかかせると，どうでしょう。水の混ぜ具合を工夫することでしょう。

算数でも，同じことが言えるように思います。どんな工夫をさせたいかによって，与える条件が変わってくるのです。

❷「考えさせたいこと」以外は，制限する

　3年「ぼうグラフと表」で，グラフをかかせるとします。内容も自由，紙の大きさも自由，使う色も自由にかかせると，子供には工夫する必要がありません。しかし，例えば，宿泊学習でお世話になった職員の方に文集を送るとします。人気のあった活動についてアンケートをとり，その結果を文集の最初のページに載せようと投げかけます。そうすれば，使える色は黒に制限されます。紙のサイズも制限されます。これだけ限定されると，どうでしょう。子供は，工夫せざるを得なくなります。

　子供は，まず，「〇のグラフ」をかくことでしょう。しかし，紙のサイズが制限されているので，困ったことが出てきます。マスが足りなくなって〇をかききれなくなるのです。そこで，「1マスに〇を2つ入れ，2人分で1マス使う」という工夫が生まれます。最大値によって目盛りの取り方を決めないといけないことに気づくのです。

　目盛りの取り方を工夫しても，困ったことが出てきます。小さな〇をいっぱいかくと線が細くなって，見づらくなるのです。そこで，〇ではなく，棒にしようという工夫が生まれます。棒にすると，太くかくことができますし，かくのが簡単です。また，〇のグラフと違って，頂上が平らなので，高さを正確に伝えることができます。

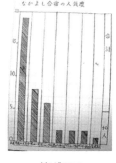
棒グラフ

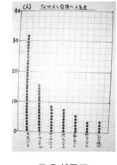
〇のグラフ

　内容や色を工夫できなくすることで，子供の工夫は「目盛り」だけに集中します。その分，「目盛り」への工夫が，多様に生まれるのです。考えさせたいこと以外の条件を制限することで，考える焦点が絞られます。そして，本当に考えさせたいことを，自由に考えさせることができるのです。

(5)教材を味つけするちょい技

\ちょい技/
22 目先を変えて，意欲を引き出す

> **ポイント**
> ・移動させて，目先を変える
> ・動作をつけて，目先を変える

　同じ教材を用いても，目先をちょっと変えるだけで，子供の意欲がうんと増します。

① 移動させて，目先を変える

　2年「かけ算」では九九を暗唱します。九九を覚える唯一の方法は，何度も繰り返し唱えることです。単調に繰り返すだけだと苦痛になりますが，目先を変えれば楽しい活動になります。
　例えば，「九九修行の旅」に出かけるのもよいでしょう。

【九九修行の旅】
①自分の席で5回九九を唱えて，ドアの前に移動する。
②ドアの前で5回九九を唱えて，廊下に移動する。
③廊下で5回九九を唱えて…，というように，移動しながら九九を唱えていく。

ドアの前で5回唱えたら,「次は,廊下5回」という張り紙がしてあり,廊下で5回唱えたら,「次は先生の前で」という張り紙がしてあるという活動です。子供は「修行」という言葉が大好きです。張り紙を,巻物っぽく毛筆で書くと雰囲気が増します。単に場所を移動しながら九九を唱えるだけなのですが,こんなちょっとした目先の変化で,子供は夢中になるのです。

　旅の途中に,先生の前でチェックする場所や「4×9→4×8→4×7…」と下から唱える場所を設けてもよいでしょう。子供の実態に合わせていろいろな工夫をすることができます。

❷ 動作をつけて,目先を変える

　九九を唱える代わりに,手を叩くのも面白いでしょう。

【九九バンバン】
①先生が式を言う。
②子供が,答えの数だけ机や手を叩く。
　（十の位の数だけ机を叩き,一の位の数だけ手を叩く）

　例えば,7×8なら,先生が「7×8,せーの」と言います。答えは56なので,子供は,机を5回,手を6回叩きます。口で言う代わりに手を叩くだけなのですが,それだけで集中力がうんと増します。一斉に答えを言うのなら,1人くらい言わなくてもばれません。小さな声で言えば,間違えてもばれないでしょう。しかし,手を叩く動作だとごまかしが効かないのです。

　クラス全員がぴったりそろうと,すごく気持ちいいものです。教室が何となくざわついたときにも「九九バンバン」をやると,ぐっと集中力が高まります。

(5)教材を味つけするちょい技

\ちょい技/
23 勝負させて，意欲を引き出す

ポイント
・雰囲気をつくって，盛り上げる
・苦手な子も，勝てるようにする

　目先を変えて意欲を引き出す工夫の1つに，「勝負させること」が考えられます。

1 雰囲気をつくって，盛り上げる

　例えば，2年「かけ算」で，九九の答えを，先に言った方が勝ちという勝負をします。

【九九相撲】
①2人で向かい合う。
②行司（先生）が九九カードを見せる。
③素早く答える。
④先に答えを言った方が勝ち。

　「ひがぁしー，○○の山ー。にぃしー，△△の海ー」と言って，2人を向かい合わせます。「はっけよい」のかけ声と共に，九九カードを見せます。
　6×7というカードなら，先に「42」と言った方が勝ちというルールです。

単に，答えを早く言うだけのゲームなのですが，相撲っぽい雰囲気にするだけで，子供たちは，うんと盛り上がります。

　教室の列ごとにチームをつくり，団体戦で白星の数を競い合うのもよいでしょう。授業参観で，子供vs保護者の勝負をするのもよいでしょう。いろいろなアレンジが考えられます。

❷ 苦手な子も，勝てるようにする

　上記のような勝負では，得意な子が活躍することになります。苦手な子にも活躍させたい場合は，勝敗自体が実力と関係ないものを仕込みます。例えば九九が苦手な子に活躍させたいときには，九九ビンゴをするのも手です。

①3×3マスのビンゴの枠をノートに書く。
②その日に習った段の答えをビンゴの枠に書く。
③先生がその段の式をランダムに読み上げる。
④子供が答えを言いながら，該当する数に赤色で丸をつける。
⑤縦・横・斜めのどれか1列がそろえばビンゴ！

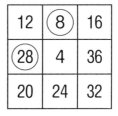

4の段

　例えば，4の段を学習した日なら，4の段の答えの4，8，12，16，20，24，28，32，36をビンゴの枠に書きます。先生が「4×7」「4×2」とランダムに式を読み上げ，1列そろえば，ビンゴというルールです。

　ビンゴをつくる際には「4の段のビンゴを20秒でつくりましょう」と，時間を制限するのがコツです。9マス全部埋めないと損をするので，子供たちは素早く書こうと必死になります。

　授業のはじめに，前の日に習った九九を，ビンゴで復習するのもよいでしょう。授業が始まって，いきなり「ビンゴをします」と言われると，ノートを用意していない子供たちは大慌てになります。次の授業からは，ノートを開いて待つようになります。

コラム

教材・教具 　技　の　心

　3年生の子供たちに「あめが，6個あります。6÷2を図で表しましょう」という問題を出したことがあります。私が期待していたのは，右のような図でした。

飴をまっぷたつに！

　ところが，左のような図を書いた子がいました。飴をまっぷたつに割った図です。

　飴をまっぷたつに割るなんて，とんちのような発想に，みんなは笑いました。しかし，私は授業が終わった後，その子の所に行き，「3年生では，まだ，習わないけど，あなたにだけ教えますよ。実は，あなたの発想は，『分数』の発想なんですよ」と教えました。分数の発想には「よさ」があります。それは，「7÷3」のようなわり算でも，1人分は$\frac{7}{3}$と必ず答えを出せることです。

$$7 \div 3 = \frac{7}{3}$$

　先輩から，「教材研究は，子供理解のためにするんですよ」と教わったことがあります。教材研究をしていなければ，飴をまっぷたつに割る子のよさに気づけなかったかもしれません。

　「子供のよさを引き出したい」からといって，子供ばかり見ていても，子供のよさは見えてきません。医者が患者を診るには，医学の知識が必要です。教師も同じです。子供のよさを見るには，深い教材研究が必要なのだと思います。

導入・課題提示の
ちょい技

　授業の導入では，短い時間で子供をぱっとひきつけることが大切です。
　また，課題提示では，問題場面をイメージさせ，解決の見通しをもたせることが大切です。
　本章では，「一気に授業へ集中させるちょい技」「問題場面をイメージし，解決の見通しをもたせるちょい技」を紹介します。

| 導入・課題提示 | (1)一気に授業へ集中させるちょい技 |

ちょい技 24 すぱっと本題に入り，ひきつける

ポイント
・食べ物で，ひきつける
・不完全な問題で，ひきつける

　授業の導入は，子供の意欲を一気に高めることが大切です。

　授業が始まって放つ一言目。プロの教師なら，その言葉をよく吟味すべきです。なぜなら，子供が「今から，どんな授業が始まるのだろう」とわくわくしながら聞く言葉だからです。

　それを「ええと，昨日は，何を学習しましたっけ」と，だらだら復習から始めてしまったのでは，子供の意欲は減退します。ましてや，「休み時間に廊下を走っている人がいました」と，説教から始めたのでは，うんざりです。また，関心を高めるという名目で，本題に入るまでくどくどと長い時間をかけるのも，考えものでしょう。授業の始まりは，すぱっと本題に入りたいものです。

① 食べ物で，ひきつける

　例えば，開口一番，すぱっと一言「今日の問題では，これを使います」と告げ，クッキーの箱を見せます。「食べ物」の効果は絶大です。何が始まるのか，子供の関心が一気に高まります。クッキーの箱を黒板に貼れば，子供の視線が黒板に集まります。そこに，ゆっくりと問題を書いていきます。

❷ 不完全な問題で，ひきつける

> クッキーを分けます。
> 4人で，同じになるように分けます。

　そこまで書いたところで，一呼吸入れます。子供たちからは「わり算の問題かな」という声があがるでしょう。そんな様子を見ながら，黙って板書を続けます。

> 1人分はどれだけになりますか。

　ここで，子供たちは，「あれっ」という顔になります。「先生，それじゃあ解けないよ」というのです。「じゃあ，何が分かれば解けるのかな」と尋ねれば「クッキーの数」と答えるでしょう。さらに，「クッキーが何個だったら，問題が解けますか」と尋ねれば，「12個とか，16個とか…」「つまり，4の段の数」という答えが返ってくることでしょう。
　「だったらいじわるするよ」と言いつつ，次のように書き加えます。

> クッキーは14こあります。

　このように，あえて不完全な問題を提示するのも，子供をひきつける技の1つです。クッキーという食べ物でひきつけた関心を，算数への関心にすりかえるわけです。そうして，一気に本題である「あまりのあるわり算」の学習へ入っていきます。

| 導入・課題提示 | (1)一気に授業へ集中させるちょい技 |

ちょい技 25 物を使って，ひきつける

ポイント

・面白い物でひきつける
・身近な物でひきつける

　誰でも，簡単に，子供の興味をわしづかみにできる方法があります。それは，「物」を使って導入する方法です。

1 面白い物でひきつける

　例えば，「今日は，みなさんにお土産があります。インドで生まれた『ミカルナンタ』という魔法の紙です」そう言いながら，右のような紙を仰々しく取り出します。

　普通の紙は，折っても，必ず元の四角い形に戻ります。しかし，魔法の紙「ミカルナンタ」は，1枚の紙からできているのに，どうやっても元の形に戻りません。

　これを見た子供たちは，「嘘だぁ。きっと，先生がつくったんだよ」と声をあげることでしょう。「違いますよ。インドで買った魔法の紙です」と，とぼければ，「嘘だぁ」の声が高ま

どちらに倒しても，ぴったり重ならない

ります。そこで、「じゃあつくってごらん」と投げかけるわけです。

　種を明かすと、右のように、ハサミで切り込みを入れ、下半分だけを180°ひっくり返すとつくることができます。もちろん「ミカルナンタ」という名前は嘘で、私が名づけた名前です。「ミカルナンタ」ひっくり返すと「タンナルカミ（単なる紙）」という落ちがつきます。

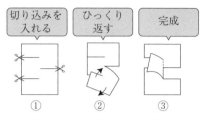

❷ 身近な物でひきつける

　子供をひきつける例として「ミカルナンタ」を挙げましたが、毎日の授業の中で、いつでもそうした物を準備しないといけないわけではありません。教室にあるちょっとした物でもいいのです。物を使うだけで、子供の興味が高まります。

　例えば、青いおはじきを見せて「これは、男の子です」と言い、赤いおはじきを見せて「これは、女の子です」と言います。「男の子と女の子が公園で遊んでいます」と言いながら、黒板におはじきを貼っていきます。そうすると、単に「男の子が8人、女の子は5人、公園で遊んでいます」と問題文を読み上げるより、子供の興味をひきつけることでしょう。

どちらが何人多い？

　また、例えば、青いおはじきを見せて「これは東京です」と言い、赤いおはじきを見せて「これは沖縄です」と言い、黒板に貼って線で結びます。そこに1600kmと書き入れて、「東京から沖縄までは、1600kmです。飛行機が時速600kmで…」と問題を提示していきます。

　おはじき、ブロック、紙テープ、画用紙など、何でもよいのです。身近にある物をちょっと使うだけで、いつもの問題が楽しく演出されます。

(1)一気に授業へ集中させるちょい技

ちょい技26 「静かに」を言わずに、静寂をつくる

> **ポイント**
> ・いきなり指示して、緊張感を与える
> ・無言になって、緊張感を与える

　毎日の授業の中では、何となく子供がざわついていて、すぐには授業に入れないときもあります。そんなとき、毎回「静かにしなさい」とばかり言うのは、考えものです。同じ言葉を何度も使うと、やがて念仏となり、効果を失います。プロである以上、子供を静かにさせる技を、いくつももっておきたいものです。

① いきなり指示して、緊張感を与える

　例えば、いきなり指示を出すというのも、技の1つです。授業が始まって開口一番、「ノートに〇を6つ書きます。書いた人から立ちましょう」と指示を出します。ノートを開いて待っていた子は、すぐに〇を書き終えて立つことでしょう。そんな子を「早いっ」「すごいっ」と褒めていきます。
　ここでのポイントは、遅い子を叱るのではなく、早い子を褒めることです。ぼうっとしていた子も、まわりの子が立ち始めると、焦って動き出しますから、叱る必要はありません。遅れた子は、「しまった」と反省し、次からはノートを開いて待つことでしょう。
　もう1つポイントがあります。それは、最後の1人が立つまで待つという

ことです。全員に指示が通るまで，次には進まないという教師の姿勢を見せることが大切です。

そうして全員が立ったととろで，一度子供たちを座らせ，「○の下に×を2つ書きます。書けた人から立ちましょう」と指示します。今度は，全員が「早いっ」「すごいっ」となるわけです。

❷ 無言になって，緊張感を与える

子供がざわついているとき，先生がじっと黙って待つという技もあります。無言の圧は絶大です。先生がずっと無言でいると，次第に子供たちは「まずいぞ」と気づき，だんだん教室が静かになっていきます。

無言になる方法は，よく使われる技ですが，気をつけたいことが1つあります。それは，子供が静かになった後の教師の一言目です。せっかく静かにした後にかけられる言葉が「静かになるのに，2分もかかりました」という説教だと，子供はがっかりです。今度から静かにしようという意欲を失うことでしょう。子供が静かになった後の一言目は知的で楽しくしたいものです。

例えば，子供が静かになったところで，こう言います。「先生は，ずっとあなたたちにテレパシーを送っていたのですよ。どんなテレパシーを送っていたか，分かりますか」すると，しーんとした教室の中，真面目な子がおずおずと手を挙げ，「『静かにしてほしい』と送っていたと思います」などと答えるでしょう。そこに，こう言います。「いいえ。先生は『今日の夕食はカレーを食べたいなあ』と送っていたのです」。すると，「なんじゃ，そりゃ」と笑いが起こります。そうして，張り詰めた空気が柔らかくなったところで，授業をスタートするわけです。教育には，そんな遊び心が大切です。

子供を静かにさせる技はいろいろあります。ただし，どんな技でも，何度も使えば効果は薄れます。「静かに」を極力言わないように心掛けていると，技のレパートリーが増えていきます。ベテランの先生を観察し，いっぱいの技を盗んでいきたいものです。

(2)問題場面をイメージし，解決の見通しをもたせるちょい技

\ちょい技/
27 問題文を4行で板書して，理解しやすくする

> **ポイント**
> ・4行で板書し，書かせ，音読させる
> ・一見関係ないことを尋ねる

　問題を提示する際に大切なことの1つ目は，問題場面のイメージをもたせることです。子供の頭の中に，問題場面の絵が浮かぶようにするのです。

① 4行で板書し，書かせ，音読させる

　案外知られていないことですが，問題文を4行で板書するだけで，子供はうんと理解しやすくなります。坪田耕三先生は，著書の中で，次のように述べておられます。

> 　私は，文章の問題を4つの文に区切って書くことにしている。
> 　第1文は「状況」，第2文は「条件1」，第3文は「条件2」，第4文は「求答事項」である。
>
> （参考文献：『算数楽しく授業術』坪田耕三著，教育出版）

　4文を，それぞれ改行して板書すると，さらに見やすくなります。
　例えば，「12個のあめを4人で等しく分けます。1人分は何個になりますか」という問題なら，次のような4文に区切ります。

> あめを分けます。　　　　　　　（状況）
> あめは12個あります。　　　　　（条件１）
> ４人で等しく分けます。　　　　（条件２）
> １人分は，何個になりますか。（求答事項）

　研究授業を参観すると，時間の節約という名目で，問題文をあらかじめ紙に書いておき，一気に提示する姿を見かけることがあります。しかし，問題文を１文ずつ見せ，ノートに書かせ，音読させる。そうした時間は，決して無駄な時間ではありません。子供が問題場面をイメージする上で大切な時間なのです。

❷一見関係ないことを尋ねる

　問題が複雑になればなるほど，問題文は区切って読んでいく必要があります。例えば，「１dLで，$\frac{3}{5}$㎡ぬれるペンキがあります」という文なら，「１dLで」で区切り，「１dLってどれくらいかな」と問いかけ，デシリットル升を提示します。「$\frac{3}{5}$㎡ぬれる」で区切り，「$\frac{3}{5}$㎡ってどれくらいかな」と問いかけ，先生が黒板に書いてみせます。そうやって，１つずつイメージしながら読んでいくことで，ようやく子供の頭の中に「１dLで，$\frac{3}{5}$㎡ぬれるペンキがあります」という場面の絵が浮かぶのです。

　時々，私は子供たちに「この問題に出てくるペンキって，何色のペンキだと思う」といった質問をするときがあります。すると，「そんなの算数に関係ないよ」と，きょとんとした顔をする子がいます。しかし，そういったことが，頭の中に場面の絵をつくる上で，案外大切なのです。

(2)問題場面をイメージし，解決の見通しをもたせるちょい技

ちょい技 28 既習を想起させて，考える武器をもたせる

ポイント

・全部見せずに，少しずつ提示する
・やり取りの中で，既習を想起させる

　問題を提示する際に大切なことの２つ目は，解決の見通しをもたせることです。解決の見通しをもたせるとは，「①どんな既習を武器に」「②何を考えていけばよいのか」を明確にすることです。

　しかし，それを「これまで，どんなことを学習しましたか」「どんなことが使えそうですか」と，ストレートに尋ねたのでは，味気ない授業になってしまいます。問題提示の仕方に，ちょっとした演出をするのです。

① 全部見せずに，少しずつ提示する

　例えば，２年「かけ算」の活用で，チョコの数を数えるとします。そんなとき，最初から，チョコを全部見せずに，ふたで隠しながら少しずつ提示していきます。

　左端が少しだけ見えたところで，子供から「横に何個あるか見せて」という声があがることでしょう。「横に何

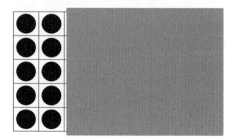

左端だけ提示

個あるか分かれば，かけ算が使える」というわけです。ここでは，同じ数ずつ並んでいると，かけ算を使えることを振り返り，今の場合，5の段のかけ算が使えることを確認します。

次に少しだけ，ふたをずらして，横に何個あるかを見せます。すると，「分かった。5×6で30個だ」という声があがることでしょう。ところが，ふたを全部あけてみせると，「あれっ」となるわけです。

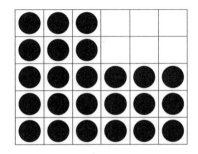

横の数も提示

全部あけると…

❷ やり取りの中で，既習を想起させる

このように提示することで，子供は，既習のかけ算を武器に数えればよいことに気づくことでしょう。そして，「同じ数ずつ並んでいないときに，どうすればかけ算を使えるか」を考えればよいのだと分かります。

少しずつ提示していく中で「3列目までなら，5の段を使える」と考えた子は「残りの右半分を求めればいい」という見通しをもちます。「チョコが全部入っていたら，5×6で30個だ」と考えた子は「チョコがない部分の数を求めて，引けばいい」という見通しをもちます。子供と楽しくやり取りしながら，どんな既習が使えて，何を考えればよいかを明確にしてあげるのです。

(2)問題場面をイメージし，解決の見通しをもたせるちょい技

問題文に□を入れて，既習と未習を明確にする

> ### ポイント
> ・「どんな数なら，解けますか」と尋ねる
> ・「いじわるするよ」と言って，未習の数を入れる

「数と計算」の領域において，解決の見通しをもたせるのにおすすめなのが，問題文に□を入れるという技です。

❶「どんな数なら，解けますか」と尋ねる

例えば，5年「小数のかけ算」で，80×2.3の計算の仕方を考えるとします。そんなとき，最初は，問題文に□を入れて提示します。

> リボンを買います。
> リボン1mのねだんは，80円です。
> □m買います。
> 代金はいくらですか。

そして，「□の中がどんな数なら，簡単に解けますか」と尋ねます。子供からは「2です。2mなら80×2で160円」「3です。3mなら80×3で240円」「10です。10mなら，80×10で800円」などの数が挙がることでしょう。さらに，「□の中がどんな数なら，ちょっと頑張れば解けそうですか」と尋

ねると「20」「23」などの数が挙がることでしょう。このように，簡単な問題から授業を始め，ハードルを低くしてあげるのです。

中には，「0.5」や「0.1」といった数を挙げる子もいるかもしれません。小数のかけ算はまだ習っていませんが，「0.5mなら，80円の半分で40円」「0.1mなら，10分の1で，8円」というわけです。こうした考えも，後から小数のかけ算を考える際のヒントになります。

❷「いじわるするよ」と言って，未習の数を入れる

「□の中が整数なら解けるんですね」とまとめた上で，「じゃあ，いじわるするよ」と言って，□の中に，2.3と書きます。子供は「ええー」と言いながらも，楽しく考え始めます。

まずは，式を立てます。ここでは，最初のやり取りがヒントになります。最初に出た問題の式を板書しておき，その下に「1mの値段×買った長さ＝代金」という言葉の式を書いておきます。そうすることで，「かけ算の式になる」という見通しをもつことができます。

2	80	×	2	=	160
3	80	×	3	=	240
10	80	×	10	=	800
20	80	×	20	=	1600
23	80	×	23	=	1840

1mの値段　買った長さ　代金

「80×2.3」という式が立ったら，次に，その計算の仕方を考えます。子供たちは，最初のやり取りから，既習である「整数×整数」を武器にして考えればよいことに気づくことでしょう。そして，「整数×小数」を「整数×整数」と同じように考えればよいのだと分かります。

こうした問題文に□を入れる技は，小数のかけ算に限らず，「数と計算」領域の様々な学習でも使えるので，とても便利です。

コラム

導入・課題提示　技 の 心

　3年「長いものの長さのはかり方」の授業をしたときのことです。走り幅跳び世界記録の長さを，模造紙を貼り合わせて，提示しました。教室からはみ出す長さに，子供たちはびっくり。長さを測りたいという思いを高めました。自分では，うまく授業が進んだように感じました。

　ところが，授業が終わった後，先輩から，「授業で，子供に何が一番残ったかが，大切だよ。子供の感想を読んでごらん」と言われました。先輩曰く，もし，「世界記録に驚いた」と書いていれば，失敗。「巻き尺を使うと便利だと感じた」と書いていれば，成功とのこと。そう言われて，どきっとしました。実は，多くの子が「世界記録に驚いた」と書いていたのです。

　似たようなことが，2年「かけ算」で2の段の学習をしたときにも，ありました。回転ずしのお寿司は，ちょうど2個ずつだと思い，お寿司の模型を準備することにしました。ティッシュを丸めて，その上にトロの写真を貼ってみると，なかなかの出来栄えではありませんか。楽しくなって，いろんな寿司をつくりました。「前田寿司だよ」と言って授業すると，子供たちは大喜び，うまく授業が進んだように感じました。

　ところが，授業の後，子供のノートを見て，愕然としました。「今日の授業で，分かったことを書きましょう」と言ったら，「前田寿司に行ってみたいなということが，分かりました」と書いてあったのです。これでは，算数の授業としては，失敗です。

　授業の導入で，子供の心を掴むことは，大切です。しかし，もっと大切なのは，高まった興味を，算数の問いへつなげることです。楽しさは，「算数の楽しさ」でなければ，なりません。

4章

自力解決の
ちょい技

　自力解決では，子供が「自分なりの考え」をつくりあげやすい場の設定を整えてあげることが大切です。
　本章では，「自分なりの考えをつくり上げるちょい技」に加え，自力解決に欠かせない「考えをつくるノート指導のちょい技」を紹介します。

(1)自分なりの考えをつくり上げるちょい技

ちょい技 30 相談をOKにして，考えやすい空気をつくる

ポイント
・相談をOKにする
・合言葉は「なるべく自分で」と「教えるのも勉強」
・「だって」と「もっと」で発展させる

「自力解決」というと，「15分間一切しゃべらず，1人で静かに考える時間」というイメージがあります。しかし，そうしたイメージに縛られ過ぎると窮屈になります。子供は一人ひとり違うものです。その子に合った自力解決のやり方も異なるでしょう。柔軟な姿勢で自力解決に臨みたいものです。

① 相談をOKにする

自力解決の時間に，相談し合うことをOKにするのも1つの方法です。5分考えて動き出せない子は，15分考えても動き出せないものです。そんな子にとって，1人で考えさせられる15分間は，苦痛でしかありません。友達に相談して解決の糸口がつかめれば，その後は，自分で考えていける子もいるものです。

また，自分の出した答えが合っているか，近くの子と確認したい子だっているでしょう。子供は，自分の出した答えに自信がもてないと，考えた道筋をノートに書こうとは思えないものです。

❷ 合い言葉は「なるべく自分で」と「教えるのも勉強」

　相談をOKにする際に,気をつけないといけないことがあります。それは,あらかじめ,趣旨を子供たちに説明しておくことです。そうしないと,余計なおしゃべりが始まり,教室が雑然としてしまいます。

　算数が苦手な子には,「できる限り自分で考えることを大切にしてほしい」という願いを伝えておきます。たとえ答えに辿り着かなくても「考える」という行為で脳は鍛えられます。やり方の全てを聞くのではなく,「解決の糸口がつかめたら,また自分で考えるように」と伝えます。

　算数が得意な子には,「教えるのも,勉強」だと伝えておきます。ものごとは,「分かった」からといって「できる」とは限りません。「できた」からといって「説明できる」わけではありません。理解のレベルには,「分かるレベル」「できるレベル」「説明できるレベル」の3段階があります。人に教えることで,自分の理解を深めることができるのです。

　解き終わった子を先生にして,分からない子に教えて回らせるのもよいでしょう。ただし,その際,「分からないけど,静かに自分で考えたい子もいる」ということを伝えておく必要があります。小さな親切が,大きなお世話になることもあるからです。

❸「だって」と「もっと」で発展させる

　自力解決では,かかる時間に個人差があります。解き終わった後に何をするかを,指示しておくことも大切です。その際,「やり方の説明を,図や式や言葉を使って書きましょう」という方法もありますし,「別のやり方を考えてみましょう」という方法もあります。前者は,考えを「深める」指示,後者は考えを「広げる」指示です。教材によって,深めた方がよいものと,広げた方がよいものがあります。「だって…」と深めるべきか,「もっと…」と広げるべきか,教材を見極めることが大切です。

【自力解決】　　　　　　　　　(1)自分なりの考えをつくり上げるちょい技

ちょい技
31 目的が明確な机間指導で，子供の考えを深める

> **ポイント**
> ・1巡目は，動き出せない子を支援する
> ・2巡目で，実態把握をする
> ・時には，実況中継する

　子供が自力解決をしている間，先生は机間指導をします。しかし，ただ回っているだけで何の指導もしない「散歩型」では，効果がありません。かといって，一人ひとりに長い時間をかける「各駅停車型」では，時間が足りません。机間指導は，目的に応じて，的確な指導を行う必要があります。

❶ 1巡目は，動き出せない子を支援する

　机間指導は，「600秒÷40人＝1人当たり15秒」という単純計算で回るものではありません。目的に応じ，軽重をつけて回るものです。
　例えば，1巡目は，動き出せない数名の子だけを見て回ります。動き出せない子が誰かというのは，担任をしていると予想がつくものです。そうした子に「どんな既習を使えばよいのか」等，解決へのヒントを与えて回るわけです。
　中には，隣について問題文を音読してあげるだけで，問題を解けてしまう子もいます。「たったそれだけのことで？」と意外に思われる方もいるかもしれません。しかし，活字で見ても頭に入らないけど，読み聞かせてあげる

と頭に入るという子は，案外多くいるものです。

② 2巡目で，実態把握をする

　みんなが動き出せたところで，2巡目は実態の把握のために回ります。実態を把握して，この後の話合いの計画を立てるわけです。
　実態の把握といっても，全員のノートを熟読して回るのは不可能です。ですから，あらかじめ「観点」を決めておき，そこだけを見て回ります。例えば，「何通りのやり方を思いついているか」を見て回ることもあるでしょう。或いは，AとBという予想される主要な考えがあって，その「いずれの考えをしているか」を見て回ることもあるでしょう。観点を決めておくことで，限られた時間の中で，効率よく回ることができます。

③ 時には，実況中継する

　机間指導では，他の子の思考を邪魔しないように，小さな声で話しかけるのが原則です。しかし，その原則に縛られ過ぎる必要はありません。
　例えば，「すごい。Aさんは，やり方を4つも考えついていますね」「おっ，Bさんは5つ」と，大きな声で実況中継して回ることがあります。それは，AさんやBさんに話しているのではありません。AさんやBさんに話しかける振りをしながら，周りの子を刺激しているのです。
　或いは，「あれ，計算しないで答えが出たの」「へえ，何かきまりを見つけたの」などと実況中継することがあります。それは，周りの子に気づいてほしい着眼点を示しているのです。
　1つの形に縛られるのではなく，目的に応じて，子供に応じて，様々なやり方を工夫していくことこそ，個別指導の本質なのだと思います。

(2)考えをつくるノート指導のちょい技

ちょい技 32 ノートは必ずチェックして，全員を参加させる

ポイント
・小刻みにチェックする
・空白の時間をつくらない

　自力解決に欠かせないのがノート指導です。ノートには，まずはじめに問題を書かせます。ここでのポイントは，「全員に」「確実に」書かせることです。授業のスタートでつまずいてしまっては，残りの40分間を無駄にしてしまうからです。

❶ 小刻みにチェックする

　「問題文を写しましょう」と先生が指示すれば，子供が全員書くと思ったら，大間違いです。必ず，ぼうっとしている子がいるものです。たかだか問題文を写させるという作業にも，教師の技が必要になります。
　例えば，「先生と同じスピードで書きましょう」と言って，先生が問題文を黒板に書き，それをノートに写させます。ここで魔法の言葉を添えます。それは「先生が書き終わったときに，みんなも書き終わっていること」という言葉です。そうすると，子供は「先生に負けないぞ」と真剣になります。
　問題文を書く際には，子供の様子を小刻みにチェックします。「クッキーを配ります」という文を書くなら，「クッキーを」まで書いたところで黒板を離れ，子供の様子を見て回ります。先生が近づくと，慌てて書きはじめる

子がいるものです。5文字だけ書いた時点でチェックをすれば，ぼうっとしていた子も取り返しがつきます。

「クッキーを配ります。クッキーは…」と続きを書いていき，最後の1文になったところで，またペースを落とします。「1人分は」「何個に」「なる」「で」「しょ」「う」。そのぐらいゆっくり区切ると，先を予想した子が先生より早く書き終わります。そんな子をうんと褒めてあげるわけです。

いかなる指示においても，「指示を出したら，必ずチェックする」というのが原則です。その際，全てを小刻みにチェックしていては時間が足りません。ですから，チェックの仕方に軽重をつけるわけです。軽重をつけるにあたって，私は，授業のスタートでは，かなり丁寧にチェックすべきだと思います。スタートのつまずきによって，意欲が萎え，残りの時間を無駄にしてしまうことがないようにしましょう。

❷ 空白の時間をつくらない

　慣れてきて，ペースを上げたいときには，チェックのスパンを長くするのもよいでしょう。ただし，スパンを長くしても「全員に」「確実に」書かせることには変わりありません。

　例えば，小刻みにチェックせずに，全文を写させるとします。そんなときには，あらかじめ「書き終わった人から立ちましょう」と指示しておきます。そうすることで，子供をさぼれなくさせるのです。

　全文写すとなると，子供によって時間差が出てきます。放っておくと，早く書き終わった子が退屈になって，おしゃべりを始めます。そうならないためには，「立っている人は，問題文を音読しましょう」など，終わった後の指示を出すことが大切です。書き終わった子から立って，音読に加わります。「まだ書けてない子は，あと2回音読する間に追いつきましょう」などと言いながら，「全員」の足並みを「確実に」そろえるのです。

(2)考えをつくるノート指導のちょい技

ちょい技 33 問題文を3行で要約させ、問題場面を整理させる

> **ポイント**
> ・問題文を3行で要約させる
> ・比例関係の問題は、2行と矢印で要約させる

「問題文は、そっくりそのままノートに写さなければならない」と思われがちです。しかし、複雑な問題などは、要約して書かせる方がよい場合もあります。要約させることで、問題文を整理して読む力が身につくのです。

① 問題文を3行で要約させる

例えば、「かおりさんは8才の誕生会を開きました。ケーキを9個買っておいたのですが、集まったのは7人でした。そのうち6人が、1人1個ずつケーキを食べました。ケーキは何個残りますか」という問題文なら、次のように要約します。

> ケーキが9個。　　…（条件1）
> 6個食べた。　　　…（条件2）
> 残りは何個。　　　…（求答事項）

要約させる際には、原則3行で書かせるとよいでしょう。大抵の問題文は、条件が2つと求答事項で成り立っているからです。余分な情報をそぎ落とし、

3行に要約するだけで，問題場面がすっきりと頭の中に入ります。

```
クッキーが12個。
3人で分ける。
1人分は何個。
```

```
はじめ　5人。
あとから3人。
あわせて何人。
```

```
みんなで13人。
男は　　7人。
女は　　何人。
```

② 比例関係の問題は，2行と矢印で要約させる

「原則3行で」と述べましたが，比例関係にある問題の場合は，「2行と矢印」で書かせた方が分かりやすくなります。例えば「1mの重さが2.3gの針金があります。かおりさんは，この針金を4m持っています。かおりさんの針金の重さは何gですか」という問題文なら，次のように要約します。

```
1m　→　2.3g
4m　→　□g
```

ここでのポイントは，単位をそろえて書かせることです。ちょっとしたことですが，それだけのことで，うんと見やすくなります。

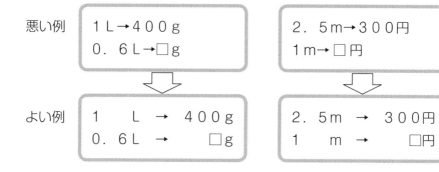

4章　自力解決のちょい技

(2)考えをつくるノート指導のちょい技

 矢印関係図を使って，把握しやすくする

> **ポイント**
> ・割合の問題は，矢印関係図を添える
> ・一文に要約する

　5年生の最難関ともいわれるのが，「割合」の学習です。「割合」の問題は，要約しても，なお関係を捉えるのが難しいものです。そこでおすすめなのが，矢印関係図です。矢印関係図を添えることで，関係を捉えやすくなります。

① 割合の問題は，矢印関係図を添える

　例えば，「ある店では，今日，牛乳を144円で売っています。この値段は，昨日の値段の90％にあたります。昨日の牛乳の値段はいくらでしたか」という問題なら，まずは3行で要約します。

> 今日は，144円。
> 今日は，昨日の90％。
> 昨日は，いくら。

　そこへ，さらに次のような矢印関係図を添えるのです。そうすることで，関係が捉えやすくなります。

❷ 一文に要約する

　矢印関係図に整理すると，問題文をたった1文に要約することができます。要約の仕方は簡単で，矢印に沿って「○の□倍は，△です」と読んでいくだけです。牛乳の問題文なら，次のように要約できます。

> 昨日の0.9倍は，今日の値段です。

　さらに，「言葉」を「数」に置き換えれば，次のような文になります。

> □円の0.9倍は，144円です。

　ここまで要約できれば，式を立てるのは，そんなに難しくありません。「□×0.9＝144」「144÷0.9」といった式が，すぐに思い浮かぶことでしょう。実は，文章問題は，問題場面をしっかり捉えることさえできれば，解けたも同然なのです。

(2)考えをつくるノート指導のちょい技

\ちょい技/
35 メモ感覚で図をかかせ，動き出しをつくる

> **ポイント**
> ・図をかきながら読み進める
> ・図は何度もかき直す

　図をかくのが苦手な子がいます。多くの場合，「図は，きれいにかかなければならない」という思い込みが壁になり，図をかき出せなくしているのです。そこで，メモのような感覚で図をかかせると，気軽に書き出すことができるようになります。

1 図をかきながら読み進める

　問題文を最後まで読んだ後に，問題場面を整理して図に表すのは，難しいものです。1文ずつ，図をかきながら読み進めた方が，問題場面をイメージしやすくなります。

　例えば，「たんぱく質を約17％含んでいる肉を食べます。この肉から22.5gのたんぱく質をとるためには，この肉をおよそ何g食べればよいでしょう。四捨五入して，上から2桁の概数で求めましょう」という問題文があったとします。

　こうした長い文章の場合，「たんぱく質を約17％含んでいる肉を食べます」ま

最初の図

で読んだところで，図をかかせます。図といっても，気負う必要はありません。肉の絵をかき，17%とかき込むだけでもいいのです。たったそれだけでも，問題場面がイメージしやすくなります。ここで大切なのは，図のクオリティーよりも，

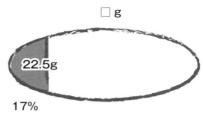

書き加えた図

「どんな図でもいいから，とにかく，何かかく」ということです。子供たちには「落書きのような図でいいよ」「メモのような感覚でいいよ」と声を掛けてあげるとよいでしょう。

次に，「この肉から22.5gのたんぱく質をとるためには，この肉をおよそ何g食べればよいでしょう」まで読んだところで，図に「22.5g」「□g」と書き加えます。このように，図を書きながら問題文を読み進めると，イメージしやすくなります。

❷ 図は何度もかき直す

先ほどの図を，簡潔にかき直すと，右のような数直線図になります。

大切なのは，こうした図をいきなりかこうと思わないこ

書き直した図

とです。子供の中には，「図は，いきなり清書しないといけない」と思い込んでいる子がいます。しかし，そうではありません。落書きのような図を修正しながら，少しずつ簡潔な図に仕上げていくものです。そういう認識をもたせると，図をかくことに抵抗がなくなります。

コラム

自力解決　技　の　心

　正直いうと，私は，机間指導が，あまり好きではありませんでした。華やかな話合いの時間に比べると，机間指導を，地味で退屈に感じていたのかもしれません。

　若い頃は，学級運営においても，「集団を動かすこと」に精一杯で，一人ひとりには，あまり目を向ける余裕がありませんでした。しかし，数々の失敗を経て，「一人ひとりとつながることの大切さ」を実感するようになってくるにつれ，机間指導が楽しく思えるようになってきました。机間指導は，一人ひとりの「その子らしさ」に出会える場だからです。

　机間指導において，大切なことは，数多くあることでしょう。その中で，私が一番大切にしていることがあります。それは，「子供の考えに，わくわくしに行く」ということです。面白い発想に出会って「なるほど」と感心したり，思いがけない誤答と出会って「へえ，子供って，そんな捉え方をするのか」と発見したり，些細な成長と出会って「おや，今日は，図に言葉を添えているぞ」と喜んだりと，子供の考えに，わくわくしに行くのです。そんな気持ちで机間指導に出かければ，教師自身，机間指導が楽しくなります。

話合いの
ちょい技

　ひとには自分にないよさがあります。間違いの中にだって，よさがあります。話合いは，友達の考えのよさと出会って考えが揺さぶられ，自分の考えを深めるための場なのです。本章では，話合いがそうした場になるための，「発言を活発にするちょい技」「考えのよさを引き出すちょい技」「間違いを生かすちょい技」「考えを揺さぶるちょい技」を紹介します。

(1)発言を活発にするちょい技

\ ちょい技 /
36 自信をもたせて，発言しやすくする

> **ポイント**
> ・答えを確認してから発言させる
> ・「今，あてられたら，困る人」と聞く
> ・同じでも，自分の言葉で言わせる

　「授業中，子供たちがなかなか発表しなくて…」という悩みをよく聞きます。子供が発表しない理由は様々ですが，一番多いのは，「自信がない」「恥ずかしい」といった理由です。そうした子には，自信をもたせ，恥ずかしさを取り払ってやればよいわけです。

① 答えを確認してから発言させる

　自力解決の後，「どんなやり方をしましたか」と尋ねても，手が挙がりにくいときがあります。そんなときには，「5秒あげるので，近くの人と答えを確認してごらん」と指示するのもよいでしょう。子供は，自分が出した答えに自信がないと，やり方を説明できないものです。答えに自信がもてさえすれば，やり方を説明できる子もいるものです。

② 「今，あてられたら，困る人」と聞く

　分かっているはずなのに，なぜか子供の手の挙がり方がにぶいときがあり

ます。そんなときに使える魔法の言葉があります。それは，「今，あてられたら，困る人」という言葉です。そう尋ねて，手を挙げない子をあてていくわけです。この言葉は，田中博史先生の著書の中で紹介されていた言葉で，私も気に入ってよく使っています（参考文献：『田中博史の楽しくて力がつく算数授業55の知恵』文溪堂）。

　子供の中には，「あてられれば答えられるけど，手を挙げてまで発言するのは，恥ずかしい」と思っている子がいるものです。「今，あてられたら，困る人」という尋ね方だと，手を挙げないことで「あてられてもいいよ」という意思表示をすることができます。

　また，この尋ね方だと，算数が苦手な子ほど，どしどし手を挙げることになります。苦手な子が，授業の傍観者にならずにすむのです。

❸ 同じでも，自分の言葉で言わせる

　子供の中には，あてられても「○○さんと，同じです」とだけ言って，座ろうとする子がいます。そんな子には，「同じでいいから，自分の言葉で言ってごらん」と言います。しゃべらせてみると，案外，同じではないことを言うものです。

　例えば，「30にそろえた方が，計算が楽でいいと思います」と発言した子に対して，「○○さんと同じで，公倍数の30にそろえた方が，計算が楽でいいと思います」「○○さんと同じで，30にそろえた方が，かけ算で計算できるからいいと思います」など，それぞれの発言が微妙に異なるのです。その違いを取り上げ，「公倍数と一般化しましたね」「計算が楽な理由を具体的に示しましたね」と価値づけます。そして，「それが，あなたらしさです」と伝えるのです。

　教室の中に，1人として同じ人間はいません。友達の考えには，必ず自分にはないよさがあるものです。そこに話合いの意義を見出すと，子供は「自信のなさ」や「恥ずかしさ」を乗り越え，自分の思いを語るようになります。

(1)発言を活発にするちょい技

ちょい技 37 ペア・グループ学習で，考えを深める

ポイント
・目的に合わせて「人数」「メンバー」「時間」を工夫する
・語り出しの言葉を決める

　ペア・グループ学習を入れることで，発言の機会を増やし，考えを深めることができます。
　よく見かけるのは，「自力解決」「グループ学習」「話合い」の順に活動するパターンです。話合いの前に，グループ学習で自信をつけておくのはよいと思いますが，「グループ学習」は「話合い」の予行演習ではありません。その順番にこだわり過ぎるのは，どうかと思います。
　話合いの途中にペア学習を入れてもいいわけですし，振り返りにグループ学習を入れてもいいわけです。ペア学習やグループ学習は，目的に応じて，柔軟に取り入れたいものです。

① 目的に合わせて「人数」「メンバー」「時間」を工夫する

　ペア学習やグループ学習は，目的に応じて，いろんな形があっていいと思います。
　例えば，「何だか子供の手のあがりがにぶいな」と感じるときがあります。そんなとき，自信をもたせるのが目的なら「5秒あげるから，近くの人と答えを確認してごらん」と指示するのもいいでしょう。

例えば，多様な考えに触れさせるのが目的なら，「自分と違ったやり方をした友達を見つけて，話を聞いてきてごらん」という指示を出すのもいいでしょう。或いは，何人かの子に，やり方を黒板に書かせた後で，「気になる考えの人のところに行って，話を聞いてきてごらん」と指示するのもよいでしょう。自分と同じ考えには時間をかけず，興味ある考えには時間をかけることができるので，効率がよくなります。

　例えば，話合いの途中で，「ここで立ち止まって，みんなに考えさせたいな」と思う発言が出たときには，「○○さんの考えたこと分かるかな。お隣ペアと話し合いましょう」と指示するのもよいでしょう。その発言に対して，全員が何らかの考えをもつことができます。

　例えば，ある程度の時間をとって，グループで考えを深めたいときがあります。そんなときには，AとBどちらに賛成なのか，自分の立場を決める時間を設けてから話し合わせます。自分の立場を決めることで，「それが相手にどう思われるか」「相手はどんな立場か」が気になり，話合いが深まります。

　形にとらわれず，目的に応じて，「人数」「メンバー」「時間」を工夫することで，ペア学習・グループ学習は，効果を発揮します。

❷ 語り出しの言葉を決める

　ペアをつくり，短い時間で話し合わせたいときがあります。しかし，中には，すぐには話し始められないペアもあることでしょう。そんなときには，語り出しの言葉を決めてあげます。「○○について互いの考えを聞き合いましょう」と指示した後に，「『○○について，どう思う』ってお隣さんに尋ねましょう」とつけ加えるのです。一言目が決まっていると，子供はすぐに話し出せます。

　あらかじめ，「自分の考えが言いづらいときには，相手より先に尋ねればいいよ」と伝えておけば，算数が苦手な子も積極的に話しかけます。

(2)考えのよさを引き出すちょい技

ちょい技 38 図と式と言葉を結びつけて，理解を深める

> **ポイント**
> ・図，式，言葉を問う
> ・1人の子に全部を語らせない

　話合いでは，まず，互いの考えを理解し合うことが大切です。算数においては，図と式と言葉を結びつけることで，友達の考えを理解しやすくなります。

1 図，式，言葉を問う

　例えば，4年「変わり方調べ」で，右のようなマッチ棒の数を，数えたとします。

　ある子が「1＋3＋3＋3だから10本」と数えたなら「Aさんの式にある『1』って，図でいうと，どこのことか分かりますか。『3』って，どこか分かりますか。『1』の所を赤で，『3』の所を青で囲みましょう」と指示します。Aさんの「式」と「図」を結びつけることで，みんなが理解できるようにするのです。

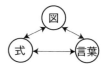

1＋3＋3＋3

　別の子が，「上に3本，下に3本，真ん中に4本あるから，10本」と数えたとします。そんなときには，「Bさんの考えを，式に表せる人はいますか」と尋ねます。

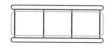

3×2＋4

Bさんの「言葉」と「3×2＋4＝10」という「式」を結びつけるわけです。

或いは，「四角が3つあるから，4×3で12。そこから2をひいて10本」と数える子がいたなら，「2をひくって，どういうことかな。図を使って説明できる人」と尋ねます。「この2本は，重なって数えているから，後からひいたのだと思います」と説明する中で，「式」と「図」と「言葉」がつながります。

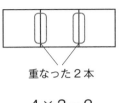

4×3－2

「式から図を問う」「図から式を問う」「図から言葉を問う」「言葉から図を問う」「言葉から式を問う」「式から言葉を問う」を繰り返す中で，互いの考えが理解しやすくなるのです。

❷ 1人の子に全部を語らせない

授業では，1人の子に全部を語らせてしまっては，他の子供が傍観者になってしまいます。そこで1人の子に全部は語らせず，ある子の式から，図や言葉を問うといった技を使うことがあります。

ただし，ここで気をつけないといけないことがあります。それは，発言する何人かの「言葉」や「式」や「図」をつなげると，教室全体としては完璧な説明ができあがり，まるで，全員の力がついたように錯覚することです。しかしテストをしてみると，実は，説明する問題が全然できていないということが，あるものです。

そうならないために，全員に活動する場を保障することが大切です。例えば，「Aさんの式を図に表せる人」と尋ねるだけでなく，まずは全員に図をかかせます。できた子に発表させたら，できなかった子には，その図を写させます。図をもとに誰かに説明させたなら，その説明を参考に，ペアで説明し合わせます。そうやって，全員の活動を保障するのです。

(2)考えのよさを引き出すちょい技

ちょい技 39 ずばり一言で名前をつけ，本質を捉えさせる

> **ポイント**
> ・比べて，名前をつけさせる
> ・名前に込められた思いを拾いあげる

　互いの考えを理解し合うのに効果的な活動があります。それは，それぞれのやり方に，「○○方式」といった名前をつけさせる活動です。それぞれのやり方の本質を捉えていなくては，ずばり一言で名前をつけることができません。名前をつける中で，それぞれのやり方の特徴に目を向けていくのです。

① 比べて，名前をつけさせる

　4年・複合図形の面積の授業で，子供たちから下の2つのやり方が出てきたとします。

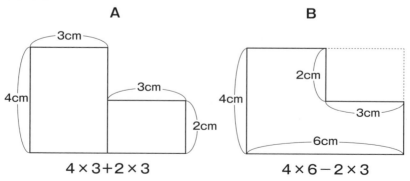

「それぞれのやり方に，名前をつけましょう」と投げかけると，子供は，「Aは『2つに分ける方式』，Bは『大から小をひく方式』」といった名前をつけるでしょう。名前をつけることで，AとBの違いに目を向け，それぞれの特徴を捉えるわけです。

　名前のつけ方にも，その子らしさが出ます。例えば，Aに「2つに分ける方式」，Bに「大から小をひく方式」と名づけた子は，図形の操作に着目している子です。Aに「たし算方式」，Bに「ひき算方式」と名づけた子は，計算の仕方に着目している子です。Bに「ないものをあると見る方式」と名づけた子がいたなら，それは，発想の仕方に着目している子です。このように，名前のつけ方には，その子なりの捉え方がにじみ出るのです。

❷ 名前に込められた思いを拾いあげる

　Aに「一刀両断方式」と名づけた子がいたなら，その思いを聞いてみたいものです。「一刀」という言葉には，たった1回の操作で簡潔にできるという意味が込められているのかもしれません。「両断」という言葉には，すぱっと簡単にできるという意味が込められているのかもしれません。意識的にしろ，無意識的にしろ，子供の思いが名前に表出されるのです。

　子供の中には，「このやり方には，どんなよさがありますか」とストレートに聞かれると，答えにくい子もいます。名前をつけることで，そうした子の思いも拾ってあげることができるのです。

(2)考えのよさを引き出すちょい技

ちょい技 40 Aでない考えと比較して，Aのよさを引き出す

ポイント
・比べることで，よさを引き出す
・ねらいによって，取り上げる考えを決める

話合いで子供の考えのよさを引き出すための，最もシンプルで効果的な方法が，「比較」です。ある子の考えのよさは，その考えだけを見ても見えません。そうでない考えと比較して初めてその考えのよさが見えてくるのです。

① 比べることで，よさを引き出す

4年・複合図形の面積の授業で，右のような考えが出たとします。この考えだけを見ていても，よさは見えてきませんが，他の考えと比較すると見えてきます。

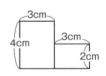

$4 \times 3 + 2 \times 3$

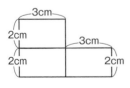

3つに分ける方法

3つに分けて求める方法と比較すれば，「2つに分ける方法だと，簡単に求められる」というよさが見えてきます。

動かして1つの長方形にする方法と比較すれば，「2つに分ける方法だと，数値が変わっても使える」というよさが見えてきます。

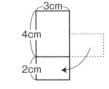

動かす方法

何と比較するかによって，見えてくるよさは違ってくるのです。

❷ ねらいによって，取り上げる考えを決める

　比較するものによって見えるよさが変わるわけですから，話合いでどの考えを取り上げるかを，しっかり精選しないといけません。

　例えば，「10のまとまりをつくるよさ」に気づかせることが授業のねらいなら，10のまとまりをつくっているやり方と，そうでないやり方を取り上げる必要があります。「単位量あたりの大きさで比べるよさ」に気づかせることがねらいなら，単位量あたりの大きさで比べている考えと，公倍数で比べている考えを比較する必要があります。ねらいによって，取り上げる考えが決まるのです。

　ある若い先生の授業を見たときのことです。1年「どちらがながい」で2つのリボンの長さを比べました。その先生は，リボンを配る際に「ちゃんと端をそろえて比べましょうね」と指示されました。ついつい，指導したいことを，教師が言ってしまったのです。

　しかし，端をそろえる大切さに気づかせたいのなら，「端をそろえたやり方」と「そろえていないやり方」を比較することが必要です。最初から，「端をそろえましょう」と言ってしまっては，比較できません。

　間違った考えは，何も子供から出さなくても構いません。先生が間違ってみせてもいいのです。2本のリボンを提示し，「どちらが長いかな」と聞きます。「赤のリボン」「青のリボン」と意見が分かれたなら，「じゃあ，多数決で決めよう」と，とぼけます。子供は「だめだめ。ちゃんと比べなくっちゃ。先生，リボンをぴんと伸ばして，2つ重ねてみて」と言うことでしょう。そこで，「分かりました，重ねますね」と言いながら，端をそろえずに重ねてみせます。すると，「それじゃ，駄目だよ。だって…」と子供が語り出すわけです。そうして，「そろえたやり方」と「そろえないやり方」を比較することで，端をそろえることの大切さが伝わるのです。

(2)考えのよさを引き出すちょい技

ちょい技 41 立場を決めさせて，全員を当事者にする

ポイント
・「次に似たような問題やるとき…」と尋ねる
・立場を自己決定させてから，話合う

　それぞれの考えを「比較」させる際，教師の「発問」と「指示」の言葉は，重要です。言葉のかけ方によって，話合いの深まり方が変わるからです。

❶「次に似たような問題をやるとき…」と尋ねる

　それぞれのやり方を比べるときに「どのやり方が一番よいですか」と尋ねるのは，おすすめできません。なぜなら，どんなやり方にも，必ずよさがあるからです。例えば，分かりづらいけど，独自性のあるやり方もあれば，時間がかかるけど，確実にできるやり方もあります。よさに優劣を決めると，それらのよさが見えなくなってしまいます。

　また，「どのやり方が，一番簡単ですか」「どのやり方が一番正確ですか」と，比べる視点を明確に示し過ぎるのも，おすすめできません。なぜなら，「より簡単に」「より正確に」という視点は，子供の中から生まれてほしいものだからです。

　私がよく使うのは，「次に似たような問題をやるとき，どのやり方を使いたいですか」という尋ね方です。次から使うとなると，より早く，簡単に，正確にしたいと考えるものです。「どの考えにもよさがあること」を認めた

上で,「次から使うやり方」を決めるわけですから,自分のやり方が選ばれなかった子も,落ち込む必要がありません。

❷ 立場を自己決定させてから,話合う

　大切な発問をした後には,全員に立場を自己決定させなければなりません。「発問」と「自己決定」を,セットにするのです。
　例えば,「次に似たような問題をやるとき,AとB,どちらのやり方を使いたいですか」と発問したなら,「AかBか,挙手しましょう」と指示します。その際,Aに挙げなかった子は,必ずBに挙げていなければなりません。全員が,立場を決めているか,確認する必要があります。こうして,全員が立場を自己決定してから,話合いを行います。
　これは,クラス全員を,話合いの「傍観者」ではなく,「当事者」にするための手立てです。立場を決めておかないと,よく発言する数名だけで話合いが進み,他の大勢が聞いているだけの「傍観者」になってしまいます。自分の立場を決めれば,相手の立場が気になります。また,自分の決めた立場が,相手にどう思われているかが,気になります。立場を決めることで,話合いの「当事者」になるわけです。

(2)考えのよさを引き出すちょい技

ちょい技 42 違いと共通点を明確にして、よさを浮き彫りにする

> **ポイント**
> ・語尾の違いに着目する
> ・背景の共通点に着目する

　話合いにおける先生の役割の１つに、それぞれの考えの「違い」と「共通点」を明確にすることがあります。「違い」と「共通点」が明確になることで、「その子らしさ」が浮き彫りになるのです。

① 語尾の違いに着目する

　考えの違いの中には、子供同士で気づいていける違いもあれば、授業のプロである教師だからこそ、浮き彫りにできる違いもあります。
　例えば、３年「重さのたんいとはかり方」で、ＡとＢの２つの物を提示し、子供に持たせてみます。ある子は「Ａの方が重い」、ある子は「Ｂの方が重い」、ある子は「Ｂの方が重い気がする」と言ったとします。「Ａ」か「Ｂ」という違いは、子供でも気づく違いです。しかし、「重い」と「重い気がする」の違いは、プロである教師だからこそ気づける違いです。そうした違いを捉え、「気がするって、どういうこと」と問え

Ａの方が重い。

Ｂの方が重い。

Ａの方が、重い気がする。

ば，「手で持っただけでは，正確に比べられない」という思いを引き出し，「もっと正確に比べる方法を考えよう」という問いをもたせることができるのです。

❷ 背景の共通点に着目する

　考えの共通点の中にも，ぱっと見て分かるものもあれば，そうでないものもあります。やり方は異なっていても，そのやり方に至った背景に，共通する考えが見えることも，あるのです。

　例えば，3年「重さのたんいとはかり方」で，Aさんの筆箱の重さを，その場にいない誰かに伝えるとします。子供は「○○が△個分の重さです」といったように，単位にする重さのいくつ分かで表す「任意単位」の考えに辿り着きます。そこまでは，全員の考えが一致するはずです。

　そこで，何のいくつ分で表すか，単位にするものについて話合うわけですが，それについては，いろいろな意見が出ることでしょう。「鉛筆が何本分かで表せばいい」という子もいれば，「消しゴムが何個分かで表せばいい」という子もいるでしょう。「鉛筆」「消しゴム」「おはじき」「1円玉」など，子供が選ぶもの自体は，ばらばらです。一見，共通点がないように見えるかもしれません。

　しかし，「どうして，それがいいと思ったの」と尋ねると，どうでしょう。「1円玉は，誰でも知ってるから」「おはじきは，誰でも知ってるから」といったように，選ぶものは違っていても，選んだ理由には，共通する考えがあるのです。

　これらの理由を整理していけば，任意単位になり得るものの条件が見えてきます。「①同じものがたくさんある」「②ある程度，小さい」「③どこにでもあって，誰でも知っている」といった条件です。それらの条件を兼ね備えた，究極が，「g（グラム）」という普遍単位になるわけです。

(2)考えのよさを引き出すちょい技

ちょい技 43 焦点をうんと絞って，話合いを深める

ポイント
・取り上げる考えを絞る
・多様な背景を引き出す

　多様な考えを引き出そうとするあまり，多くのやり方を取り上げすぎると，かえって話合いが深まらなくなることがあります。考える範囲が広すぎると，深く考えられないからです。話合いを深めるためには，話合う焦点を，うんと絞ることが大切です。

❶ 取り上げる考えを絞る

　4年「計算のきまり」で，右のように並んだ●の数を数え，「1つの式に表そう」と投げかけたときのことです。

　机間指導をしているときに「1×2+3×2+5×2+7」という式と出会いました。「2」と書いてもよいところを，わざわざ「1×2」と書いているのですから，きっとそこに，その子の思いが込められているはずです。その子を第一発言者に指名にして，話合いを行いました。

　1×2+3×2+5×2+7

　みんなに式を提示すると，予想通り「2って書けばいいのに」というつぶ

やきが聞こえました。「だって，その方が楽だから」という理由です。このつぶやきをきっかけに，「2って書けば楽なのに，どうして，わざわざ1×2と書いたのだろう」という問いが生まれました。

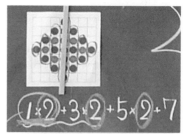

話し合う中で，「数えたり，たしたりしたんじゃなくて，かけ算で求めたってことを表したかったんじゃないかな」「左右対称になっていて，右と左が同じ数のペアになっているってことを表したかったんじゃないかな」「どこを数えて2なのかを表したかったんじゃないかな」という意見が出ました。「1×2」という式に対して，多様な思いが表出されたのです。

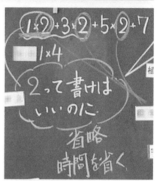

② 多様な背景を引き出す

結局，この授業では，「1×2＋3×2＋5×2＋7」に時間を割いたため，他には，少しのやり方しか取り上げられませんでした。

しかし，ここで考えたいのは「多様な考え」とは何かということです。多様な「やり方」を紹介するのが，よい授業でしょうか。そうではなく，取り上げる「やり方」は少なくても，その「やり方」に対する「多様な思い」が表出される授業の方が，深まりがあるように思うのです。

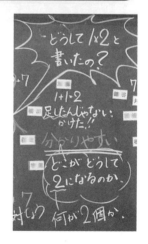

(2)考えのよさを引き出すちょい技

ちょい技 44 わざと間違えて，「違うよ，だって…」を引き出す

ポイント
・「だって」が高まるまで，しつこく間違える
・間違いの理由を説明させる

　子供に何かを説明させたいときには，「教師がわざと間違えてみせる」という方法があります。教師が間違えることで，子供の「違うよ。だって…」と説明する姿を引き出すわけです。

① 「だって」が高まるまで，しつこく間違える

　例えば，2年「はこの形」なら，直方体の箱を見せ，「面の数を数えるよ。1，2，3，4，5，6，7。7枚ですね」と数え間違えてみせます。子供からは，「違うよ，6枚だよ」という声があがるでしょう。「じゃあ，もう一度数え直してみます」なんて言いながら，「…5，6，7」と，また間違えてみせます。すると，子供は「違うよ。だって…」と説明を始めます。
　「だって，上と下で2枚あるでしょ。横に4枚あるでしょ」と子供が説明したなら，「横に4枚あるって本当なの。裏側は見えないのに，どうして分かるのかなあ」と，とぼけ，「じゃあ，数えてみるね。1，2，3，4，5」と，また数え間違えてみせます。
　すると，子供から「違うよ」「4枚だよ」という声が高まります。そして，「だって，同じ形の面が2つずつ2組あるでしょ。だから，絶対に4枚のは

ず」「面の形は四角形でしょ。上の四角形の4つの辺に，横の面がついているんだから，絶対に4枚のはず」と説明していくわけです。子供たちは，そうやって説明しながら，形の特徴をつかんでいきます。

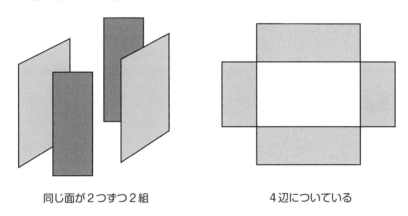

同じ面が2つずつ2組　　　　4辺についている

「面の数は，何枚ですか」「それは，どうしてですか」と先生が言うのではなく，先生が間違えてみせることで，子供に説明したくさせるのです。

❷ 間違いの理由を説明させる

　例えば，4年「分数」なら，「$\frac{4}{5}+\frac{3}{5}$の計算の仕方を説明しましょう」と言うのではなく，「$\frac{4}{5}+\frac{3}{5}$は，分母と分子を足して$\frac{7}{10}$ですね」と間違えてみせます。子供は，「違うよ。だって…」と説明し，基になっている大きさが$\frac{1}{5}$であることに気づいていきます。
　子供にとっては，正しい理由を説明するより，間違っている理由を説明する方が簡単なのです。この事例なら，「答えが$\frac{7}{5}$になる理由を説明する」より，「答えが$\frac{7}{10}$ではない理由を説明する」方が，説明しやすくなります。不思議なもので，正しい理由を説明するときには，なかなか図を用いない子も，間違いの説明をするときには，自ら図を使って説明していきます。

(2)考えのよさを引き出すちょい技

ちょい技 45 次の言葉を引き出す問いかけで，説明しやすくする

ポイント
・すぐに納得しない
・「だって」と言って，文をつなぐ
・父性と母性で指導する

　子供の思いを引き出したいとは思うものの，子供の中には自分の考えを説明するのが苦手な子もいます。そんなときには，話しやすくなるように先生の言葉を工夫してあげます。

❶ すぐに納得しない

　子供が発言した後に先生が投げかける一言でも，子供の発言が変わってきます。

　例えば，4年「大きい数のしくみ」で，「1億を数字で書くと，1の後ろに0が何個つきますか」と尋ねたとします。子供が「12個」と答えたときに，どんな声をかけるでしょう。

　先生が「そうですね」と言ったなら，12個という事実のみを教えることになります。しかし，子供が「12個」と答えた後，先生が「そうなんですか」と尋ねると，子供は「だって…」と説明し始めます。「1|0000|0000|0000だから，4×3で12個です」と説明する中で，日本の命数法が4桁区切りになっていることに気づいていくわけです。

❷「だって」と言って，文をつなぐ

　自信のない子供の中には，せっかく答えたのに，先生から「そうなんですか」と問い返されると，萎縮してしまう子もいます。そんな子には，先生が「だって」と言って，文をつないであげるとよいでしょう。

　例えば，子供が「12個です」と言った後，先生が「だって…」とつけ加えます。子供は，先生が言った「だって…」に続けて，「だって，1○○○○|○○○○|○○○○だから，4×3で12個です」と説明していくわけです。

❸ 父性と母性で指導する

　私は，常々「理由を語れる人間になりなさい」と，子供たちに言っています。子供が「理由は，特にありません」と言って座ろうとしたときには，「授業では，話したくなくても，話すべきことがあります」と厳しく諭すこともあります。これらは，「父性」的な指導です。

　一方，「だって…」と文をつないであげるといった，「母性」的な支援をすることもあります。

　「父性」と「母性」のどちらがよいというわけではなく，どちらも必要なのだと思います。これは，説明させる力を身につけることに限らず，教育全般においていえることです。「父性」と「母性」をバランスよく使って指導することが，大切です。

(3)間違いを生かすちょい技

ちょい技 46 間違いを生かして，考えを深める

> **ポイント**
> ・間違いの中に潜むよさに気づかせる
> ・「〇〇さんの考えたこと，分かるかな」と尋ねる

　授業をしていると，誰かが間違った答えを言うときがあります。そんなとき，どんな反応をする子供であってほしいでしょうか。「違いまぁーす」と大声で間違いを指摘する子供でしょうか。それとも，間違っている子を傷つけないように，そっと間違いに気づかない振りをする子供でしょうか。どちらも，何だか寂しい気がします。私は，子供たちの中から，「〇〇さんの考えたこと分かるよ」「きっと〇〇さんは，こう考えたんだよ。でもね…」という言葉が出てきてほしいなと思っています。間違いの中に潜むよさを認め合える子供たちであってほしいのです。

① 間違いの中に潜むよさに気づかせる

　こんなことがありました。
　右のような「一辺が1cmの正三角形が4個の場合のまわりの長さ」の問題を解いた後に，「正三角形が5個の場合」を考えたときのことです。

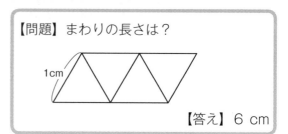

【問題】まわりの長さは？

【答え】6cm

ある子が、問題を聞いて即座に「分かった。8cmだ」と答えました。正解は7cmですから、その子の答えは間違いです。

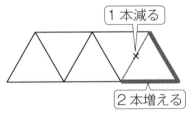

そこに、「〇〇さんの考えたこと、分かるような気がする」と1人の女の子が手を挙げました。「正三角形を4個から5個に増やすとき、線を2本書きたすでしょ。だから、〇〇さんは、2cm増えると思ったんだと思う。でも、本当は、2本増えるんだけど、ここの1本がまわりの長さじゃなくなるから、2－1で1cmだけ増えます。だから答えは7cmです」と女の子は説明しました。

「さっきより1cm増える」という説明を聞いて、別の子が「だったら、正三角形が6個になったら、もう1cm増えて、8cmになるんじゃないの」とひらめき、「7個なら、9cmだ」と他の子も続きました。

私は、そんな様子を見ながら、心が温かくなりました。はじめの「8cm」という答えだけを見ると間違いです。しかし、「実際に数えずに求める」「前と比べて次を予想する」という考え方は素敵なものです。私は、授業の終わりに「これが、今日の一番大切な考え方です」と子供たちに話しました。

❷「〇〇さんの考えたこと、分かるかな」と尋ねる

こうした子供たちを育てる、魔法の言葉があります。それは「〇〇さんの考えたこと、分かるかな」という言葉です。

誰かの発言について、「〇〇さんの考えについて、どう思いますか」と尋ねると否定的な意見が出てきます。しかし、「〇〇さんの考えたこと分かるかな」と尋ねると、肯定的な意見が出てきます。

こうした問いかけを日々の授業で行っていると、間違った答えが出たときに「〇〇さんの考えたこと分かるよ」という子が出てくるのです。

(3)間違いを生かすちょい技

\ ちょい技 /
47 予期せぬ考えを取り上げて，考えを深める

ポイント

・間違いをラッキーチャンスと捉える
・間違えた子をヒーローにする

　子供が教師の意図しない発言をしたとき，「面白い発言」だと思えるか，それとも「都合の悪い発言」と思ってしまうか。教師のちょっとした心のもち方が変わるだけで，授業が大きく変わります。間違いがきっかけで，授業がうんと深まることがあるのです。

❶ 間違いをラッキーチャンスと捉える

　２年の三角形と四角形の学習をしたときのことです。ある子が，ふと「三角形と四角形があるんだったら，五角形や六角形もあるんじゃないの」と，つぶやきました。私は，「まだ習わないけど，実は五角形や六角形もあるんだよ」と伝え，黒板に図をかいてあげました。すると，他の子が「だったら七角形もあると思う」「八角形もあると思う」と，どんどん続きました。中には「百角形もあると思う」「千角形もあると思う」という子も出てきました。

　そんな中，ある子が「でも，一角形や二角形はないよね」と，つぶやきました。すると，１人の子が声をあげた。「先生，一角形もできるよ。しずくの形だよ」というのです。

「一角形」という発言に，みんながきょとんとしているると，その子は前に来て，黒板に右のような図をかきました。なるほど，確かにかどが1つです。私は，「間違った答えだけど，面白い発想だな」と思いました。そこで，「だったら，先生は二角形を思いついたよ。二角形は猫の形」と言い，かどが2つある形を板書してみせました。さらに「三角形は，チューリップの形」と，書き加えました。

子供たちからは，「そんなの三角形って言わないよ」という声があがります。そこで，チューリップの形を三角形と言わない理由について話合いました。

話合う中で，子供たちは「かどがあるだけじゃ駄目。3本の直線が必要だよ」「曲がった線じゃ駄目。直線で囲まれないといけないよ」と気づいていきました。「一角形」という間違いをきっかけに，分かったつもりでいた「三角形の定義」を，見つめ直していったのです。

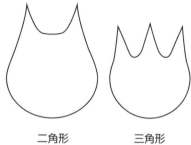

一角形

二角形　　三角形

② 間違えた子をヒーローにする

こうした授業の後には，間違えた子をうんとほめます。みんなの考えを深めるきっかけになったからです。

有名な言葉に，まきたしんじさんの「教室は間違うところだ」という言葉があります。私も大好きな言葉です。しかし，「教室は間違うところだ」と子供たちに100回言ったからといって，やっぱり間違えるのは恥ずかしいに決まっています。間違いを恐れずに発言できるようにするには，間違えた子がヒーローになる体験が必要です。そうしたヒーロー体験をいっぱいさせることで，間違いを恐れず発言できる子が育つのです。

(3)間違いを生かすちょい技

ちょい技 48 間違いを予想させて，取り上げる

ポイント
・正答か誤答かという「ものさし」で見ない
・どんな間違いが予想されるかを尋ねる

前頁では，間違いを生かす大切さについて述べました。しかし，教室の中にはどうしても間違うのが嫌な子はいるものです。そんなときには，「この問題なら，どんな間違いが予想されるかな」と尋ねるのもよいでしょう。予想するのですから，自分のことではなくなり，間違いを語りやすくなります。

① 正答か誤答かという「ものさし」で見ない

練習問題の答え合わせの際，答えを子供に発表させ，他の子供たちに「あってまぁーす」や「違ってまぁーす」と大声で言わせる学級を見かけることがあります。

正答か誤答かというだけの「ものさし」で友だちの考えを聞き，間違った子を大声で「違ってまぁーす」と責める，そんな姿を見ると，何だか寂しくなります。そもそも，多様な考え方があり，それぞれの考えによさがあるからこそ，子供に発言させるのです。正答が1つしかないのであれば，子供に言わせる必要はありません。

それよりも，答えは先生が言ってしまい，その後に「この問題なら，どんな間違いが予想されるかな」と尋ねる方が，温かいと思うのです。

❷ どんな間違いが予想されるかを尋ねる

 「どんな間違いが予想されるかな」と尋ねられると、本当は、さっき自分が間違えそうになったことを、他人事のふりをして、紹介することができます。「それがどうして間違いなのか」「どうすれば正解になるのか」を堂々と説明できるのです。すると、その説明を聞いて、本当に間違っていた子が「そうか」と理解できるわけです。

 学級が育ってきたら、「どんな間違いをしたか、紹介してくれる人はいますか」と尋ねることも可能です。そこで、どしどし、手が挙がるような学級にしたいものです。

 間違いを紹介してくれた子には、「ありがとう。あなたの間違いのおかげで、みんなの理解が深まったよ」とほめます。そうして、間違えた子をヒーローにしていくわけです。

(4)考えを揺さぶるちょい技

ちょい技 49 矛盾する考えと出会わせ，考えを揺さぶる

ポイント
・矛盾する考えを取り上げる
・話合いの中に「はてな」をつくる

　話合いは，子供たちが「矛盾」と出会うようにしたいものです。「矛盾」とは，新しい発見が，それまでの自分の考えを否定することです。子供は「矛盾」と出会ったとき，「なるほど」と「そんなはずは」の間で心が揺れ動きます。そうして，自分の考え見つめ直し，考えを深めていくのです。

① 矛盾する考えを取り上げる

　3年「あまりのあるわり算」で，14個のクッキーを4人で同じだけ分けたときの1人分を考えたときのことです。

　ほとんどの子供たちは，1人に3個ずつ配ることができて，2個余ると考えました。そこで，「2個あまっちゃうけど，いいの？」と子供たちの考えを揺さぶりました。すると，「うーん，もう2個あればいいんだけど…」と子供たちの自信が揺らぎ始めました。

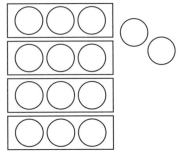

2個あまる

　そこに，ある子が，「半分に切ればいいよ」と声を上げました。「余った2個をそれぞれ半分に切ると，4人に分けられ

て，1人分は，3個半になるよ」というのです。その考えに，教室はざわめき出しました。

「3個ずつ分けられて2個あまる」と考えていた子供たちにとって，「半分に切る」という発想は，新しい発見です。「なるほど」と思う一方「そんなはずは…」という思いも生まれます。その考えを受け入れることは，自分の考えを否定することになるからです。子供たちは，「なるほど」と「そんなはずは…」の中で葛藤し，活発な議論が繰り広げられました。

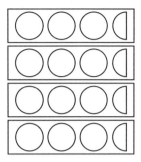

1人3個半

話合う中で，子供たちは，「あまりの処理には，いろいろな方法があること」に気づいていきました。また，「もしも，クッキーじゃなかったら…」と問題を発展させ，「余らせない方がよい場合と，あまりを出さないといけない場合があること」に気づいていきました。考えを揺さぶられたことで，自分の考えを見つめ直し，考えを深めていったのです。

❷ 話合いの中に「はてな」をつくる

子供は，課題と出会って「はてな」が生まれ，自力解決で自分なりの考えをつくりあげます。話合いでは，そうしてつくりあげられた考えを揺さぶり，子供たちに，もう一度「はてな」を生み出すことが大切です。そうすることで，子供は，自分の考えを再構築し，より深い考えをつくっていきます。

若い先生の中には，話合いは「解決」するためのものだと思っている方もいるかもしれません。しかし，話合いを「はてな」を生み出すためと思って授業すると，授業がうんと楽しくなります。

(4)考えを揺さぶるちょい技

ちょい技 50 曖昧さを浮き彫りにして，考えを揺さぶる

> **ポイント**
> ・当たり前を，問い直す
> ・教師が反対のことを言う

　子供は「分かったつもり」でいることが多いものです。その「曖昧さ」を浮き彫りにすることで，子供の考えを揺さぶることができます。子供たちは，曖昧だった部分を見つめ直すことで，考えを深めていくのです。

① 当たり前を，問い直す

　3年「ぼうグラフと表」では，ばらばらになっているデータを表に整理します。その際，落ちや重なりなく数えるためには，「正」の字を使えば便利だと学習します。

「正」の字で数える

　子供たちが当たり前と思って使っている「正」の字。そこに，意地悪な質問をします。「『正』の字じゃなくて，『五』っていう字じゃ駄目なのですか」と尋ねるのです。思いがけない質問に，「そう言われると，どうなんだろう」と子供の考えが揺れます。やがて，「『五』は4画だから，ダメ」と考え，「正」の字は，ちょうど5画だから数えやすいのだと，気づいていきます。
　さらに，意地悪な質問をします。「『田』の字じゃ駄目ですか。『田』は5画ですよ」と尋ねるのです。思いがけない質問に，「そう言われると，どう

なんだろう」と子供の考えが揺れます。やがて「『田』の字は，折れがあるからダメ」と考え，「正」はまっすぐな画ばかりだから，速く書けて，見やすいのだと，気づいていきます。

　さらに，もっと，意地悪な質問をします。「じゃあ，真っ直ぐな線で5画の字なら『正』の字じゃなくてもいいの」と尋ねるのです。すると，さすがに，どの子供も困った顔になります。

　実は，「正」の字じゃなくても，いいのです。江戸時代に「玉」という字を使って数えていたという記録も残っているそうです。また，外国では4本の縦線と1本の横線を使って数える国もあります。

玉玉干　13
「玉」の字で数える

卌卌〤　13
「線」で数える

❷ 教師が反対のことを言う

　教師が，あえて反対のことを言うことで，曖昧さを浮き彫りにするという方法もあります。

　3年「長いものの長さのはかり方」では，長いものの長さを測るには，巻き尺を使うことを学習します。巻き尺の学習をして「巻き尺って便利だな」と思っている子供たちに，ちょっと意地悪をします。「巻き尺って便利だね。これからは，ものさしは一切使わないで，何でも巻き尺を使って測っていこう」と提案するのです。

　そう言われると，子供たちは「確かに巻き尺は便利だけど…」と，考えが揺さぶられます。やがて，「やっぱり駄目だよ。だって，巻き尺は筆箱に入らないよ」「だって，短いものを測るときはものさしの方が簡単だよ」と反論することでしょう。そうして話合う中で，測るものによって，計器を使い分けることの大切さに気づいていきます。

(4)考えを揺さぶるちょい技

ちょい技51 同じことを3回言って，考えを揺さぶる

ポイント
・全員が同じ思いになるまで，同じことを3回言ってじらす
・役者になりきる

　授業中，教師の意図する発言を子供がつぶやくと，すぐに飛びつきたくなってしまうものです。しかし，1人がつぶやいたからといって，全員が，同じ思いをしているとは限りません。

　先輩から「同じつぶやきが3カ所から聞こえてから，ようやく，その考えを取り上げるように」と教ったことがあります。うんとじらしてから取り上げることで，一人の思いを学級全体の課題にするのです。

1 全員が同じ思いになるまで，同じことを3回言ってじらす

　同じことを3回言ってじらすという技があります。
　前頁で紹介した，3年「ぼうグラフと表」でいえば，「正」の字を使って数えている子供たちに，「『田』の字じゃ駄目ですか。5画ですよ」と揺さぶります。はじめは，一部の子から，「駄目だよ。だって…」というつぶやきが聞こえることでしょう。
　しかし，その子たちをすぐに取り上げて，理由を語らせません。「『田』でもいいでしょ。だって，さっき，5画の字がいいといったじゃないですか」と，しつこく，もう一度揺さぶるのです。すると，「でも，5画だけど…」

とつぶやく子が，さっきより増えていきます。

　それでも，まだ理由を語らせません。「ほら，『田』の字は5画ですよ。いち，にーい，さん，し，ご」と黒板に「田」の字を書いてみせます。ここまでじらすと「駄目だよ。だって…」という声が，学級全体に広がります。そうして，学級全体を巻き込んだところで，ようやく「どうして，駄目なの」尋ねるのです。

❷ 役者になりきる

　ここでのポイントは，教師が役者になりきることです。
　「揺さぶり」は，子供たちの考えに火をつける，爆弾のようなものです。それが不発に終わると，授業が台無しになってしまいます。1度目で火がつかなければ，2度，3度と揺さぶり，何としてでも火をつけるという覚悟が必要です。
　若い頃，「教師は5者であれ」と，言われました。5者とは，学び続け豊富な知識を持つ「学者」，子供の長所を見抜き助言する「易者」，原因を突き止め適切な処方を施す「医者」，エンターテイナーである「芸者」，そして，授業で子供を魅了する「役者」であれという意味です。
　「揺さぶり」をかけるには，役者になりきることです。具体的に言えば，「立ち位置」，「話す速さ」，「間の取り方」，「目線」を意識して，役を演じるのです。大切な「発問」をしたり，「揺さぶり」をかけたりする際には，教室の中央に立ち，ゆっくりと間を置いてから，話し始めます。落ち着いた声で，はっきりと話します。「先生がこんな話し方をするときは，大切なことだ」と子供にも伝わるように，話すのです。
　目線は，「でも」「だって」とつぶやいている子ではなく，学級全体に向けます。まだ，「でも」「だって」とつぶやいていない子を見渡しながら「さっき，5画の字がいいといったじゃないですか」と揺さぶるのです。

(4)考えを揺さぶるちょい技

\ ちょい技 /
52 話合いを交通整理し，考えることを明確にする

> **ポイント**
> ・子供の考えを分類する
> ・何が解明されて，何を考えればよいかを，明確にする

　話合いは大いに盛り上がったものの，収拾がつかないままチャイムが鳴り，終わってしまうという授業を見ることがあります。子供の考えを揺さぶることは大切ですが，揺さぶりっぱなしではいけません。教師は，「考えを揺さぶるための切り札」と，「考えを再構築するための切り札」の2つをもって，授業に臨む必要があります。

① 子供の考えを分類する

　例えば，「ちょい技49」（p.128）で紹介した「14個のクッキーを4人で分ける問題」なら，「①1人分は3個で2個あまる」という考えと「②1人分は3個半」という考えで，話合いが盛り上がります。

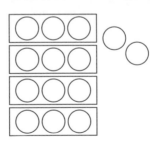
① 2個あまる

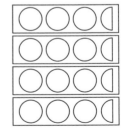
② 1人3個半

A「半分に割るなんて，卑怯。うまく割れないときもある」

B「余らせるなんて,もったいない。半分に割った方が,いっぱいもらえる」
C「もしも,クッキーじゃなくて,ダイヤみたいに堅いと,半分にできない」
D「もしも,クッキーを5人で分けるなら,半分に割る方法は使えない」
E「余らせる方法もあるけど,今の場合は半分に割る方が,多くもらえる」
など,多様な考えが出ることでしょう。

　Aは①に賛成の考え,Bは②に賛成の考えです。しかし,CとDとEは,少し立場が複雑です。CとDは,今の場合なら②のやり方を認めているものの,②には一般性がないことを主張している考えです。Eは,①のやり方の一般性は認めているものの,今の場合なら②がよいと主張している考えです。

　こうした立場が入り混じった考えを,①と②のどちらに賛成かという視点だけで話し合っていても,収拾がつきません。そこで,話合いの交通整理が必要になるわけです。

　まず,「今の場合」は,どちらのやり方も間違いではないことを認め,それぞれのやり方のよさを確認します。

　その上で,「クッキーじゃなかったら…」「4人じゃなかったら…」という新たな課題が生まれたことを確認し,「あまりを出さないといけない場合には,どんな場合があるか」について考えていきます。

❷ 何が解明されて,何を考えればよいかを,明確にする

　話合いの交通整理とは,何が解明されて,何について考えていけばよいのかを,明確にすることです。子供たちに,考えるべき方向性を与えるわけです。子供たちは,揺さぶられた考えを再構築することで,考えを深めていきます。

コラム

話合い 技の心

　富山大学の附属小に勤務していたことがあります。そこには，毎年，各学級に4～5人の教育実習生が来て，15日間の教育実習を行います。附属小には10年間勤務していましたから，40～50人の実習生を見てきたことになります。それだけの実習生を見てきて，感じたことがあります。

　どの実習生も，初めての授業では，子供たちの発言に戸惑います。子供の発言は，拙い言葉で，たどたどしいため，何を言いたいのかが，理解できないのです。

　そんなときに，どう対応するかは，大体2パターンに分かれます。何となく分かったようなふりをして，器用に授業を進めるパターン。もう1つは，何度も子供に聞き返して，おろおろするパターンです。初日の授業だけを見れば，前者の方がうまく授業できたように見えます。しかし，不思議なもので，15日間の実習を経ると，何度も子供に聞き返して理解しようとしていた実習生の方が，よい授業をするように成長するのです。

　話合いにおいて，一番大切なのは，子供の発言を「聞く」ことなのだと思います。そして，それが一番，難しいことでもあります。私自身，未だに協議会では，「あの発言を，前田先生は勝手にこう解釈して進めましたが，あの子の言いたかったことは，こういうことじゃないでしょうか」といった指摘を受けることがあります。

　ただ，未熟なりにも，「聞く」際に，心がけていることがあります。それは，「感動する心をもって聞く」ということです。子供の考えに，わくわくしたり，驚いたり，感心したりできる心をもち続けていたいと，思っています。

まとめ・振り返りの
ちょい技

　まとめ・振り返りでは，学習したことを言葉でまとめることによって，確実な定着を図り，次に使える知識にします。学習した内容を，さらにもう1歩考えを深めることができれば，なおさら素敵です。
　本章では「確実な定着を図るちょい技」と「もう1歩考えを深めるちょい技」を紹介します。

(1)確実な定着を図るちょい技

ちょい技 53 計算練習のルールを工夫して，飽きさせない

> **ポイント**
> ・黒板を子供に開放する
> ・3段階スタートにする
> ・色々な方法の引き出しをもつ

　知識・技能をねらいとした授業では，授業の終末に練習問題が必要です。しかし，ただ練習問題を繰り返すばかりではマンネリ化してしまい，子供はやる気を失います。子供を夢中にさせるには，ちょっとした工夫が必要です。

① 黒板を子供に開放する

　例えば，早く解き終わった子から，黒板に筆算を書いていくという方法があります。練習問題が8問あったとしたら，先着8名が黒板に筆算を書くわけです。子供は黒板に書くのが大好きですから，「早く解いて，黒板に書きたい」と意欲が高まります。また，計算が苦手な子にとっては，分からないときは黒板を見ればよいので，安心感が生まれます。

② 3段階スタートにする

　速く計算させるには，順位を告げて，競わせるのが効果的です。解き終わった子から「はい」と言って手を挙げさせ，教師が「○位」と順位を告げて

いきます。

　ここで気をつけなければならないのは、苦手な子です。苦手な子は、いつも順位が遅くなり、やる気を失ってしまいます。

　そこでおすすめなのが、3段階スタートです。3段階スタートとは、最初にした計算練習で、遅かった子が、次の問題では先にスタートするというやり方です。例えば、「21位から40位だった人、よーいドン」と言った1分後に、「11位から20位だった人、よーいドン」と言い、そのまた1分後に、「1位から10位だった人、よーいドン」と言うなど、時間差をつけてスタートしていきます。

　こうすることで、計算が苦手な子にも上位になるチャンスが生まれます。また計算が得意な子にとっても、ハンデを取り返す緊張感が生まれます。

❸ 色々な方法の引き出しをもつ

　その他にも、練習問題を早く解き終わった子が先生になって、分からない子に教えるという方法もあります。解き終わった子から、黒板にネームプレートを貼っていくという方法もあります。

　いずれの方法も、何度も使うとマンネリ化してしまいます。いろいろな引き出しをもち、飽きさせないことが大切です。

| まとめ・振り返り | (1)確実な定着を図るちょい技 |

ちょい技 54 深まったきっかけを振り返り，着想の引き出しを増やす

ポイント
・着眼点を掲示する
・着眼点は，子供から引き出す

　国語の先生と話をして，心に残っていることがあります。その先生は「ごんぎつね」の授業を参観して帰って来られた際に，「ごんの気持ちについては，いっぱい掲示してあるんだけどなあ。どのように読み取ったのかは，一切掲示してないんだよ」と言われました。「ごんぎつね」の学習が終われば，ごんの気持ちそのものは次の学習に役立ちません。しかし，「比べ読みをすると気持ちを読み取れた」「山場での変化に着目すると，気持ちを読み取れた」という読み方は，次の学習にも生きるのだと，言われました。

　その話を聞いて，同じことが算数でも言えるなと思いました。振り返りの時間は，ついつい学習した内容をまとめるだけに終わってしまいがちです。しかし，内容だけでなく，どのように考えが深まったのか，発想のきっかけを振り返っておくことも大切だと思うのです。

❶ 着眼点を掲示する

　話合いがうんと盛り上がった日には，授業の最後に板書を見ながら，どうやって考えが深まったのかを振り返ってみるのもよいでしょう。「もっと簡単にできる方法はないかなと考える中で話合いが深まったね」といったよう

に，考えが深まったきっかけを振り返るのです。

　きっかけになった着眼点を，キーワードにして教室に掲示するのもよいでしょう。有名な合言葉に，「は やく」「か んたんに」「せ いかくに」の頭文字をとって，「算数 は か せ」という言葉があります。掲示に残すことで，次から考える際，着想のヒントになります。

❷ 着眼点は，子供から引き出す

　田中博史先生は，著書『算数的表現力を育てる授業』（東洋館出版）で，「例えば」「まず」「だって」「でも」「だったら」「もしも」といった，子供の「語り始めの言葉」に着目されています。「もしも…」は，一般化の考えにつながる言葉，「だったら…」は，発展的な考えにつながる言葉です。

　板書する際には，発言の内容だけでなく，「語り始めの言葉」も書いておくと，授業の振り返りで役立ちます。どんな言葉をきっかけに，考えが深まったのかを振り返るのです。そうした言葉が生まれる度に掲示していき，学級の財産

にするのもよいでしょう。田中博史先生は，著書の続編の『使える算数的表現法が育つ授業』で，語り始めの言葉について「『教える』のではなく『引き出す』という教育観の方がいい」と述べておられます。教師から「もしも」「だって」という話形を示して，子供に無理矢理使わせるのではなく，子供からそれらの言葉が生まれるような授業を仕組むのです。そして，それらの言葉が子供から出たときに，拾い上げていきます。先述の「算数はかせ」の合言葉についても，同じことが言えます。「こんなふうに考えなさい」と教師が示すのではなく，子供から引き出し，拾い上げていきたいものです。

まとめ・振り返り

(2)もう1歩考えを深めるちょい技

ちょい技 55 「だったら」を体験させ，楽しさを味わわせる

ポイント
・「だったら」と考える楽しさを味わわせる
・問題づくりをさせる

　問題解決型の授業。その終末に，子供のどんな姿を期待すればよいでしょうか。私は，子供から「だったら…」という言葉が生まれてきてほしいと願っています。学習した内容をまとめ，そこで学びを閉じてしまうのではなく，新たな問いが生まれてほしいと思うのです。

① 「だったら」と考える楽しさを味わわせる

　子供から「だったら」を生み出すには，まず「だったら」と考える楽しさを味わわせることが大切です。最初のうちは，教師から「だったら…」を提示するのもよいでしょう。「だったら…」と考える楽しさを何度も味わううちに，子供から「だったら…」という発言が生まれるようになります。

　例えば，4年「変わり方調べ」で，三角形の数とまわりの長さの関係を調べたとします。調べた後で，「四角形だったら，どうなるかな」と問いかけます。四角形だったら，数が1増えるごとに，まわりの長さが2cmずつ増えます。「三角形な

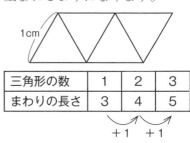

三角形の数	1	2	3
まわりの長さ	3	4	5

+1 +1

ら1cmずつ、四角形なら2cmずつ増える」という事実と出会った子供たちは、今度は自分から「だったら…」と考えていきます。「五角形だったら、きっと3cmずつ増えるんじゃないかな」「六角形だったら、4cmずつ…」と考えていくわ

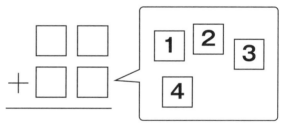

けです。そうやって活動する中で、「だったら」と考える楽しさを味わうのです。

❷ 問題づくりをさせる

　2年「たし算のひっ算」で、1から4までの数を使って、「2桁＋2桁」の筆算をつくり、できるだけ大きい答えを考える授業をしたとします。答えが出た後に、「だったら、一番小さい答えは？」と、問題を出します。それが解けたら、次は、子供たちに「他にどんな問題が考えられるかな」と投げかけます。「はじめに提示した問題」を発展させて、問題づくりをさせるわけです。

　ちなみに、以前担任したクラスでは、問題を発展させて引き算にした子がいました。「1から4の数を使って2桁－2桁の引き算をつくります。一番小さい答えは何でしょう」という問題です。引き算にすると、難易度が一気に上がります。皆さんも、解いてみてください。正解は7です。

> まとめ・振り返り

(2)もう1歩考えを深めるちょい技

はじめの条件を明確にして，条件をアレンジさせる

> **ポイント**
> ・強い「なるほど」で，「だったら」を生む
> ・はじめの問題の条件を明確にしておく

　子供から「だったら…」が生まれやすくするコツは，「①強い『なるほど』を与えること」と「②はじめの問題の条件を明確にしておくこと」です。

1 強い「なるほど」で「だったら」を生む

　東京書籍6年の教科書には，「不思議な輪の変身」という教材が紹介されています。2つの輪っかを垂直に貼り合わせて，輪っかの真ん中を切って開くという教材です。開くと，なんと正方形になるのです。

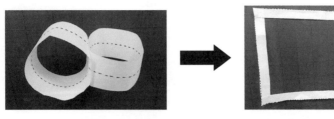

2つの輪っかを貼り合わせ　　　　切って開くと正方形

　こうした教材を「へえ，そうなんだ」だけで終わらせたくありません。「だったら，斜めに貼り合わせたら…」「だったら，違う長さの輪っかを貼り合わせたら…」と，課題を発展させてほしいものです。

しかし，単に，教師が切って開いてみせただけでは，子供から「だったら」は生まれてはこないでしょう。「だったら」を生み出すには，強い「なるほど」が必要です。仕組みを理解し，「なるほど」と感じたとき，「だったら」が生まれるのです。

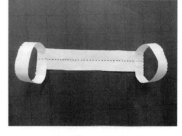

1つ目の輪っかを開くと…

まず，開いた形を予想させます。最初は，どんな形になるか予想できないことでしょう。しかし，1つ目の輪っかを切って開いた段階で，子供から「きっと四角形になるよ」といった声があがります。さらに，「四角形は四角形でも，長方形になるよ。だって，垂直に貼り合わせたんだから，4つの角は直角になるはず」「正方形じゃないかな。2つの同じ輪っかを貼り合わせたんだから，四つの辺の長さが同じになるはず」といった考えが出てくることでしょう。

こうした話合いを経た上で，切って開いて正方形だったとき，「なるほど」という思いが強くなります。そして，「なるほど，垂直だから直角になったんだ。だったら，斜めならひし形に…」「なるほど，同じ輪っかだから4辺の長さが同じになったんだ。だったら，違う大きさの輪っかなら，長方形に…」といった「だったら」が生まれるのです。

❷ はじめの問題の条件を明確にしておく

はじめに提示する問題の条件を明確にしておくと，子供から「だったら…」が生まれやすくなります。「だったら」は，条件をアレンジすることで，生まれる発想だからです。

今回の問題なら「同じ大きさの輪っかを2つ，垂直に貼り合わせます」という条件を黒板に記しておきます。そうすることで，「『同じ』じゃなかったら」「『2つ』じゃなかったら」「『垂直』じゃなかったら」といった発想が生まれやすくなるのです。

6章　まとめ・振り返りのちょい技

(2)もう1歩考えを深めるちょい技

ちょい技 57 観点に応じた振り返りで，時間を有効に使う

ポイント
・ねらいの観点に応じて，内容を精選する
・まとめるだけに終わらせない

　授業の終わりにやったらいいことは，山ほどあります。まとめを子供の手でするのもいいでしょう。学習の感想を書かせるのもいいでしょう。練習問題だって，いっぱいさせたいものです。

　やったらいいことは，山ほどありますが，全てを盛り込もうとすると，到底時間内に収まりません。そこで，内容を精選する必要があります。

ねらいの観点に応じて，内容を精選する

　数ある「やったらいいこと」の中から何をさせるか，内容を精選するとなると，迷ってしまいます。そんなときには，「授業のねらい」を基に，内容を決めるとよいでしょう。

　例えば，知識・技能をねらう授業なら，練習問題をたっぷりすればよいでしょう。数学的な考え方をねらう授業なら，学習の感想をたっぷり書けばよいでしょう。ねらいの観点によって，内容の優先順位や時間配分を決めればよいわけです。

❷ まとめるだけに終わらせない

　振り返りの引き出しをいっぱいもっておき，授業のねらいに応じて対応できればいいなと思います。「ちょい技55・56」では，「だったら」が生まれる振り返りを紹介しました。しかし，いつでも「だったら」が生まれないといけないわけではありません。そういう振り返りも，引き出しの1つにあればいいと思うのです。

　「だったら」に加えて，もう1つ，授業の終末に生まれてほしい言葉があります。それは「つまり」という言葉です。「つまり」とは，学習した内容を，大きな視点から見つめ直した際に生まれる言葉です。

　例えば，6年「速さ」の学習では，距離も時間もばらばらな2人の速さを比べます。子供からは，距離や秒数をそろえたり，公倍数や1あたりにそろえたりと，様々な方法が出てきます。この学習を振り返る際に，それらの考えをまとめて「つまり，距離か秒数か，どちらかをそろえれば，比べることができる」と考えることができれば素敵です。

　さらに振り返れば，5年でやった単位量あたりの学習でも，人数か面積のどちらかをそろえて比べています。もっといえば，1年で長さを比べた際には，端をそろえました。単位にする長さをそろえ，そのいくつ分かで表すことも経験しています。このように，その日に学習した内容を，これまでの学習と関連づけて，大きな視点から見つめ直すと，「つまり，量を比べるためには，そろえることが必要」という真理が見えてきます。

　まとめることは，もちろん大切です。しかし，まとめるだけに終わってしまうのは，何だか寂しい気がします。最後の5分間に，もう1歩学習が深まる，そんな振り返りの日があってもいいと思うのです。

　学習指導要領の算数科の目標の中には，「統合的・発展的に考察する力」という文言があります。「統合的」とは，「つまり…」と考えることです。「発展的」とは，「だったら…」と考えることです。これらは，学習指導要領において，求められている姿なのです。

コ ラ ム

まとめ・振り返り　技　の　心

　「算数を勉強して，何の役に立つの」と言う子供がいます。確かにそうかもしれません。

　例えば，4年生では，平行四辺形の面積の求め方を学習します。しかし，社会に出てから，平行四辺形の面積の公式を使う場面は，人生にどのくらいあるでしょう。きっと，一度もない人がほとんどです。

　しかし，こんなふうにも思います。平行四辺形の面積を求める中で，「求め方が分かっている形（長方形）に変形して，求める」という考えが，身につきます。それは，「分かっていることを使って，未知なることを解決する」という考え方です。その考えは，社会に出て，役立つことでしょう。

　例えば，1年生では，「3＋9の計算を，どうすれば簡単に求められるか」について，45分間もかけて話合います。本当は，「ああだ」「こうだ」と話合うよりも，おはじきを，3個と9個出して数えた方が，よっぽど早いのです。しかし，そうはしません。算数には，「楽するための労を惜しまない」という考え方があるからです。その考え方は，社会に出ても役立ちます。後に似たような作業を繰り返す際には，そのときは多少時間がかかってでも，より簡単にできる方法を考えた方が，効率がよいのです。

　こうした視点から算数の学習を捉えていくと，「まとめ」や「振り返り」で，本当に大切にすべきものが，見えてくるように思います。

7章 隙間時間のちょい技

　ちょっとした隙間時間ができることがあります。そんな時間に楽しい算数の話をしてあげると，算数好きの子供が育ちます。
　本章では，隙間時間に使える，とっておきの話を紹介します。

(1)算数好きを育てるちょい技

ちょい技 58 おまけの話で，算数好きにする

ポイント
・知っているようで，知らない話をする
・びっくりするような話をする

子供は「おまけの話」が大好きです。「これは教科書には載ってない，おまけの話なんだけど…」と言って語り始めると，子供は，目を輝かせて聞くものです。授業のちょっとした隙間時間に，「おまけの話」をしてあげると，算数好きの子が増えます。

① 知ってるようで，知らない話をする

数字の読み方は，誰でも知っているようで，案外しっかり知っていないものです。1は「いち」，2は「に」，3は「さん」。ここまでは，誰でも知っています。怪しくなるのが，4と7です。子供に読み方を尋ねると，4は「し」と「よん」，7は「しち」と「なな」。2通りの読み方が出てきます。

面白いことに，子供たちに「1から数えましょう」と言うと，ほとんどの子が「いち，に，さん，し，ご，ろく，しち，…」と数えます。ところが，「10から数えましょう」と言うと，ほとんどの子が「じゅう，きゅう，はち，なな，ろく，ご，よん，…」と，数えます。こんなことを教えると，子供たちは，自分が無意識に使い分けていたということに，驚きます。

「4と7は特別な数字だね」と言う子がいたら，もう少し，おまけの話を

続けましょう。実は，2通りの読み方をするのは，4と7だけではありません。どの数字にも，漢語系と和語系の2通りの読み方があるのです。

漢語系　いち，に，さん，し，ご，ろく，しち，はち，く，じゅう
和語系　ひと，ふた，み，よ，いつ，む，なな，や，ここの，とお

日本語の複雑なのは，数えるものによって，使う読み方が変わることです。しかも，漢語系と和語系が入り混じって出てきます。例えば，何個と数えるときは，「いっこ（漢），にこ（漢），さんこ（漢），よんこ（和）…」。何人と数えるときは，「ひとり（和），ふたり（和），さんにん（漢）…」と数えます。

子供たちに，全て漢語系で数えられるものを探させてみるのも面白いでしょう。案外，見つからないものです。ちなみに，私は1つだけ知っています。それは月の名前です。「いちがつ（漢），にがつ（漢），さんがつ（漢）…」と漢語系のみを使います。

❷ びっくりするような話をする

2年「かけ算」で9の段を学習した後，「実は，九の段は，指で答えが分かるんですよ」と言うと，子供は驚きます。

例えば，「9×4」なら，左から4本目の指を折り曲げます。折った指の左に3本，右に6本，指が立っているので，答えは36だと分かります。

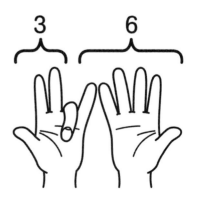

指だけで答えが分かるなんて，まるで魔法のようです。子供たちは，こうした「びっくりするような話」が大好きです。

(1)算数好きを育てるちょい技

\ ちょい技 /
59 おまけの話で，発展的に考える

> **ポイント**
> ・ちょっと難しい内容を紹介する
> ・教科書に載っていない知識を紹介する

　時には，「おまけの話」として，教科書をちょっぴり発展させた内容を教えてあげるのもよいでしょう。算数好きの子が食いつきます。コツは，ちょっぴりだけ紹介することです。家に帰ってから，もっと詳しく調べたくなるように，考える余地を残しておくのです。発展的な内容は，あまり長く話しすぎると，苦手な子にとって苦痛になってしまいます。

❶ ちょっと難しい内容を紹介する

　東京書籍では，6年で「魔方陣」を取り上げています。魔方陣をつくるのは難しそうに感じますが，実は，そうでもありません。奇数行の魔方陣なら，

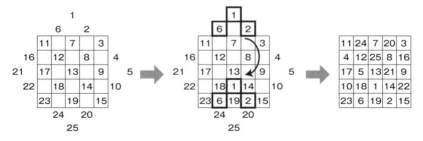

①ななめに数を書いて　　②はみ出た部分を対面に移動　　③完成

きまりを使えば、簡単につくることができるのです。

まず、ななめに数を書き、次にはみ出た数を対面に移動すれば、それだけで魔法陣の完成です。複雑そうな魔方陣が簡単につくれるので、子供たちはびっくり。家で「7×7」「9×9」の魔方陣をつくってくる子も現れます。

❷ 教科書に載っていない知識を紹介する

2年「水のかさのたんい」では、「L（リットル）」や「dL（デシリットル）」という単位を学習します。そんな子供たちに、「長さでは、cm（センチメートル）という単位がありましたね。実は、かさにもcL（センチリットル）という単位があるんですよ」と教えます。

そして、「おうちやお店で『cL』を見かけたら、教えてね」と投げかけます。

「cL」は、洋酒（ワイン、ブランデー）等に使われることが多く、スーパーやコンビニに行けば、すぐに見つかります。

5年「正多角形と円周の長さ」では、円周率を学びます。そうした子供たちに、「円周率は、3.14の後にもずっと続くんですよ」と言い、黒板に「3.14159265358979323846…」と書いていきます。黒板の端から端まで数字が並べば、子供たちは「すごーい」と驚きます。

「2分間で、何桁まで覚えられるかな」と競争させるのもよいでしょう。覚えたからといって役に立つわけではないのですが、なぜか盛り上がるのです。中には、休み時間もずっと友達同士で競争し合う子も出てきます。

ちなみに、円周率には、次のような有名な覚え方があります。これを使って、事前にこっそり覚えておくと、子供たちを驚かすことができます。

---

3. 1 4 1 5 9 2 6 5 3 5 8 9 7 9 3 2 3 8 4 6 2 6 4 3 3 8 3 2 7 9
産医師異国に向こう。産後厄無く、産婦御社に。虫さんざん闇に鳴く。
（さんいしいこくにむこう。さんごやくなく、さんぷみやしろに。むしさんざん、やみになく）

(1)算数好きを育てるちょい技

ちょい技 60 人生の話に算数を盛り込み，説得力を増す

> **ポイント**
> ・具体的な数を示して語る
> ・置き換えて，生き方を語る

　学級担任ならば，子供たちに「生き方」について語ることがあります。そんな説話の中に「数」を盛り込むと，語りの説得力が増します。

① 具体的な数を示して語る

　4月当初には，子供たちに，1年後，どんな自分になっていたいかを考えさせる先生も多いことでしょう。そして，その姿に向かって，日々成長することの大切さについて語る先生も多いかと思います。その際，単に「日々の積み重ねが大切です」と言うだけでなく，具体的な「数」を示すと，説得力が増します。

　例えば，1日にたった1％ずつでも，成長し続けるとします。毎日，昨日の自分よりも，1％成長した自分になっていくわけです。最初の力を100とすれば，次の日には101の力になります。そのまた次の日には，101×1.01で102.01の力になります。

　数の大きさを視覚的に表したいなら，100mL，101mL，102mL の水をペットボトルに入れて見せるのもよいでしょう。1％は，見た目では気づかないくらいの，微々たる違いだと分かります。

しかし，そうした微々たる成長をし続けると，1年後には，一体どのくらいの力になるのでしょうか。その大きさを，子供たちに予想させてみるのもよいでしょう。

　「200くらいの力かな」と当てずっぽうで答える子もいるでしょう。中には「465の力だよ」と考える子もいるかもしれません。100の力に365をたして，465というわけです。しかし，本当は，たし算ではなく，かけ算なので，もっと大きくなるはずです。

　エクセルを使って計算してみると，100日後には約270に，200日後には約731に，300日後には約1978になります。

　そして，365日後には，約3778。なんと，1年前の約38倍もの力になるのです。500mLのペットボトルなら，8本弱の大きさ。子供たちは，成長の大きさに驚くことでしょう。

❷ 置き換えて，生き方を語る

　卒業を間近に迎えた子供たちに，これからの未来について話をする先生も多いことでしょう。その際，単に「みなさんの前には，未来が広がっています」と言うだけでなく，捉えやすい「数」に置き換えて語ると，説得力が増します。

　例えば，人生を1日に置き換えてみます。人生（約80年）を，1日（24時間）に置き換えると，12歳（6年生）は，何時何分になるでしょうか。24÷80×12＝3.6時間。0.6時間は0.6×60で，36分。ですから，12歳は，人生時計でいえば，3時36分ということになります。

　卒業というと，何だか大きなことを成し終えたような気がしますが，長い人生においては，まだ夜明け前。人生のスタート地点にも立っていないのです。こうして人生を1日に置き換えて語ることで，子供たちは，目の前に果てしない未来が広がっていることを，実感することができます。

おわりに

愛情が技術を生かす

　職員室には，保護者からクレームの電話がかかることがあります。中には，電話を切った後で「やっかいな保護者だったなあ」ともらす人もいます。そういう言葉を聞くと，内心「きっと，対応はうまくいかないだろうな」と感じます。

　保護者対応については，書籍やネット等で，数多くの技が紹介されています。しかし，私は，保護者対応の一番の秘訣は，案外，単純なものだと思っています。それは，保護者を好きになることです。

　その保護者のことを好きなうちは，対応に多少のまずさがあっても，最終的にはうまくいくものです。しかし，「やっかいな保護者だなあ」と感じた途端，どんな言葉を並べても，保護者に響かなくなるのです。

　同じことが，学級経営にも言えます。その子を好きなうちは，様々な手立てが，その子に響きます。しかし，「やっかいな奴だな」と思った途端，どんな技を使っても，その子に響かなくなるのです。

子供のよさに寄り添う

　前置きが長くなりました。本書のテーマである，算数の授業に話を戻しましょう。

　授業においても，同じことが言えます。子供への愛情があってこそ，技が生きるのです。「どの子の考えにも，よさがある」と信じ，「子供のよさを引

き出したい」「子供のよさに感動したい」という思いをもって,授業する。そうした思いで,授業に臨むことで,本書で紹介した「60のちょい技」が,大きな力を発揮してくれると信じています。

愛情のために技術を磨く

　愛情があっても,技術がなければ,その思いは子供に響きません。
　反対に,技術があっても,愛情がなければ,その技術は子供に響きません。
　大切なのは,「愛情を機能させるための技術」を磨いていくことなのだと思います。

2019年6月　前田　正秀

付録　紹介事例一覧　〜学年別早見表〜

1年
- なかまづくりとかず　p.150
- いくつといくつ　p.24
- どちらがながい　p.58, 111
- たしざん　p.52
- ひきざん　p.60

2年
- ひょうとグラフ　p.56
- たし算のひっ算　p.143
- 3けたの数　p.54
- 三角形と四角形　p.124
- 水のかさのたんい　p.153
- 長いものの長さのたんい　p.14
- かけ算　p.42, 64, 68, 70, 82, 151
- はこの形　p.26, 30, 33, 118

3年
- 長いものの長さのはかり方　p.65, 131
- わり算　p.44, 62
- あまりのあるわり算　p.53, 75, 128, 134
- 重さのたんいとはかり方　p.114
- かけ算の筆算　p.39
- ぼうグラフと表　p.67, 130, 132

4年
- 折れ線グラフと表 ……………………… p.51
- わり算の筆算 …………………………… p.47
- 垂直・平行と四角形 …………………… p.34
- 大きい数のしくみ ……………………… p.120
- 計算のきまり …………………………… p.116
- 面積のはかり方と表し方 ……………… p.48, 108, 110
- 変わり方調べ …………………………… p.40, 106, 122, 142
- 分数 ……………………………………… p.119
- 直方体と立方体 ………………………… p.30, 32

5年
- 小数のかけ算 …………………………… p.84
- 小数のわり算 …………………………… p.61
- 合同な図形 ……………………………… p.38
- 偶数と奇数 ……………………………… p.28
- 割合 ……………………………………… p.96, 98
- 正多角形と円周の長さ ………………… p.153

6年
- 対称な図形 ……………………………… p.16, 18, 20
- 速さ ……………………………………… p.77, 147
- 資料の調べ方 …………………………… p.50

トピック教材
- ミカルナンタ …………………………… p.76
- 不思議な輪の変身 ……………………… p.144
- 魔方陣 …………………………………… p.152

【著者紹介】
前田　正秀（まえだ　まさひで）
1976年　富山県生まれ。東京学芸大学卒業後，富山県公立学校教諭となる。2006年より，富山大学人間発達科学部附属小学校に10年間勤務し，現在，富山県公立小学校教諭。「あれ」「どうして」と心揺さぶる算数の授業を目指して実践を重ねる。ホームページ「前田の算数」(http://www6.plala.or.jp/maeda-masahide/)で実践を広める他，雑誌「教育技術」(小学館)等への執筆も多数。

イラスト　いたのなつみ
　　　　　(p.113, 121, 127, 139, 151)

算数科授業サポートBOOKS

手軽に使える！子供が変わる！　算数授業のちょい技60

2019年9月初版第1刷刊　ⓒ著　者　前　田　正　秀
　　　　　　　　　　　　　発行者　藤　原　光　政
　　　　　　　　　　　　　発行所　明治図書出版株式会社
　　　　　　　　　　　　　　　　　http://www.meijitosho.co.jp
　　　　　　　　　(企画)小松由梨香　(校正)宮森由紀子
　　　　　　　　　〒114-0023　東京都北区滝野川7-46-1
　　　　　　　　　振替00160-5-151318　電話03(5907)6701
　　　　　　　　　　　　　　ご注文窓口　電話03(5907)6668

＊検印省略　　　　　　　組版所　藤　原　印　刷　株　式　会　社
本書の無断コピーは，著作権・出版権にふれます。ご注意ください。

Printed in Japan　　　ISBN978-4-18-274711-3
もれなくクーポンがもらえる！読者アンケートはこちらから→